Comment on parle avec les Morts

AVEC UN
GRAND NOMBRE DE PHOTOGRAPHIES

LA NOUVELLE POPULAIRE
RUE DE RENNES,
PARIS

Comment
on parle
avec les Morts

Tous droits de reproduction réservés.

Copyright by *La Nouvelle Populaire*, Editors, 76, rue de Rennes, Paris. 1910.

Ernest-C. MARRÉ

Comment on parle avec les Morts

GUIDE COMPLET ET ABRÉGÉ DE SPIRITISME PRATIQUE, Y COMPRIS DES NOTIONS SUR L'HYPNOTISME, LA STATUVOLENCE, LE MAGNÉTISME, ET UNE EXPLICATION SUR LA REPRODUCTION DES CORPS ASTRAUX :: ::

Appendice — Gravures hors texte
Photographies d'esprits et d'apparitions, épreuves garanties contre toute supercherie

CINQUIÈME ÉDITION

LA NOUVELLE POPULAIRE
76, RUE DE RENNES, 76
PARIS

1910

PRÉFACE

Bien que le spiritisme prenne une importance de jour en jour plus considérable, sa véritable signification est encore méconnue de bien des gens. Quelques savants même, en ignorent totalement la pratique. Et l'on voit des curieux hausser les épaules devant les vitrines des libraires où se vendent des volumes portant pour titres l'*Inspiration astrale*, le *Spiritisme*, la *Suggestion*, l'*Immortalité de l'âme*, etc.

Comment est-il possible d'écrire des volumes par vingtaines sur de pareilles bêtises! les entend-on murmurer.

Il est juste de dire qu'on a écrit dans le domaine des sciences occultes plus qu'il n'aurait fallu peut-être, et que bien des assertions erronées se sont glissées sous la plume des littérateurs à court de copie. Beaucoup de gens ne connaissent le spiritisme que par les tentatives puériles des sociétés où il est de bon ton de faire tourner des tables, ou par les mirifiques récits qu'agrémente l'imagination fertile de certains soi-disant témoins. Ces gens-là, tant que des expériences personnelles concluantes ne viendront pas les convaincre, considéreront les auteurs d'ouvrages sérieux sur la matière comme dignes d'être pensionnés à Charenton.

Ces lignes ont uniquement la prétention d'être un manuel de sciences psychiques, entièrement basé lui-même sur la pratique. Il est juste de dire — et c'est du reste fort heureux — que le spiritisme n'est pas fait pour tous; je ne veux entreprendre cette étude que pour des gens suffisamment intelligents, exempts de préjugés, sceptiques à l'égard des sciences occultes, mais disposés à se livrer à des études expérimentales. L'expérience personnelle est toujours la meilleure. Elle est préférable à la lecture de gros livres qui négligent l'introduction à la pratique proprement dite et détournent l'esprit pour l'intéresser à des théories sans fin.

Un cours ou plutôt un guide de spiritisme pratique manque à notre littérature, ce qui augmente dans de notables proportions les difficultés d'accéder à cette science. Mon but est de combler cette lacune, et je suis fermement persuadé qu'après quelques essais, tous seront à même de se livrer avec succès aux expériences que je décris.

L'appendice joint à ce volume ne pourra être utilisé que par fort peu de groupes. Je n'ai point voulu néanmoins passer sous silence, dans un ouvrage comme celui-ci, la reproduction des corps astraux. J'ajoute encore que quelques-unes des hypothèses que j'avance se trouvent en contradiction avec les théories psychiques d'autres auteurs. Mais je donne les pages qui vont suivre non point comme professées *ex cathedra*, mais comme issues du laboratoire de mes recherches.

Ernest-C. Marré.

INTRODUCTION

On a beaucoup écrit sur l'occultisme et sur le spiritisme, sans que pour cela la connaissance des sciences psychiques se soit beaucoup popularisée. On ne peut méconnaître que le goût pour le nouveau sport psychique soit devenu l'apanage de quelques milliers d'individus à leur aise sous tous les rapports, tandis que les grandes masses populaires, faute de pouvoir être convaincues par la science, se laissaient aller, bon gré mal gré, aux avantages trompeurs d'une foi aveugle. On peut appliquer au spiritisme l'expression de ce châtelain qui disait : « J'ai chez moi une belle betterave. Elle ne vaut rien, mais peut servir de nourriture à mes gens. » Le peuple perd trop facilement et trop souvent la raison, en supposant même qu'il en ait jamais. Il se laisse emporter par le tourbillon, et souffre de maladies à la mode, dont la forme actuelle la plus nette paraît être le jugement préconçu. Les plus intelligents eux-mêmes paraissent avoir perdu totalement l'usage du raisonnement.

Je n'en veux pour exemple que les panacées universelles préconisées dans chaque numéro de revues médicales ; et il se rencontre des médecins pour proclamer sans rire qu'ils croient à leur efficacité ! Celui qui veut s'adonner au spiritisme doit être avant tout un penseur sérieux. L'homme a une intelligence, qu'il apprenne d'abord à s'en servir, avant d'aborder l'étude des sciences occultes. Mais une fâcheuse habitude s'est introduite parmi nous au commencement de ce siècle, celle de critiquer toujours à tort et à travers. Cher lecteur, il faut que vous soyez convaincu de l'existence d'êtres actifs, insaisissables pour nos sens rudimentaires, et qui errent autour de nous dans l'éther. Laissez-vous convaincre et ne vous bornez pas à une foi puérile.

Celui qui aborde l'étude du spiritisme pratique devrait s'être suffisamment adonné à la théorie pour limiter ses désirs en ce qui concerne les manifestations dans ce domaine.

Fort souvent dans les séances de manifestation, il arrive que les corps astraux, invités à se faire connaître, répondent par la bouche du médium : « N'est-ce donc pas assez ainsi ? » Qu'on soit bien persuadé dès le début, que seules patience et longueur de temps peuvent conduire au but. Du reste, bien qu'il faille être renseigné sur la théorie de la réussite et de l'avancement progressif d'un médium, cela sort des limites de ce manuel, entièrement consacré à la pratique.

« Il y a plus de choses dans le ciel et sur la terre que votre science d'écolier ne peut en rêver », fait dire Shakespeare à Horatio (2e acte d'Hamlet). Et ce n'est que trop vrai. Qui pourrait prétendre que la seule essence de l'homme soit celle que perçoivent nos sens matériels, quand la preuve du contraire est donnée. On admet du reste aujourd'hui cette possibilité, tout comme naguère encore on niait le magnétisme dans le corps humain.

Le spiritisme est une science moderne, vraisemblablement destinée à devenir l'un des piliers du monde moderne. Le Français Allan Kardec, qui s'est occupé de spiritisme scientifique, écrit à ce sujet : « Le spiritisme est une science nouvelle qui traite de la nature, de l'origine des esprits, et des rapports du monde spirituel avec le monde matériel. » Le nombre des partisans de la théorie qui nie l'existence d'un autre monde est aujourd'hui sensiblement en baisse. La religion nous parle d'un monde des bienheureux et d'un monde des hommes, d'une vie terrestre et d'une vie céleste. L'incrédulité de certains au sujet d'une vie future doit-elle infirmer les preuves de l'existence des corps astraux, déjà affirmée par tant de gens ? Et les négations de quelques sots, dont l'esprit limité refuse d'admettre certaines grandes conceptions, peuvent-elles s'opposer aux témoignages absolus de nos sens ?

Le spiritisme admet l'immortalité de l'âme, et ceci parce que le corps astral, l'esprit de l'homme, se manifeste après la mort de celui-ci dans nos réunions, par des paroles, des écrits ou des actes. Des explications plus complètes ne seraient pas de mise ici. Qu'on me permette cependant de citer, comme preuve de l'existence de ce corps astral, l'exemple de l'amputé qui croit se tenir sur la jambe qu'il n'a plus, qui sent fort bien la blessure produite par un clou maladroitement enfoncé dans la boîte où ce même membre a été enterré et qui conserve cette sensation jusqu'à ce que le clou soit retiré des chairs ou que celles-ci se décomposent. Les ouvrages qui traitent de ces questions fourmillent de preuves à ce sujet.

Le spiritisme nous ouvre donc tout un domaine scientifique nouveau, qui souvent ne coïncide point avec les lois naturelles récemment découvertes. Une revue allemande spiritualiste, *Licht, mehr Licht* (de la lumière, plus de lumière), en parle en ces termes : « Dans sa marche de progrès en progrès, le spiritisme ne peut être dépassé, car, quand des découvertes modernes lui prouvent qu'il fait fausse route sur un point, il se modifie en conséquence et adopte toutes les découvertes qui paraissent. »

Les sciences occultes ont toujours été accueillies avec une réserve assez justifiée, en somme, par les nombreuses supercheries qui se sont révélées dans leur application. Les imposteurs n'ont d'ailleurs jamais manqué sur aucun terrain. Il n'en est pas moins injuste de prétendre, comme l'ont écrit certains auteurs, qu'il n'y ait là qu'un tissu d'âneries et d'attrape-nigauds. Nous réclamons donc, pour les recherches spirites, la liberté et la tolérance qui ont été jugées indispensables dans les autres domaines scientifiques.

Le spiritisme, comme tant d'autres découvertes, nous vient du Nouveau Monde, où l'on y travaillait bien avant que l'on y pensât sur notre continent. Mais c'est à notre compatriote Allan Kardec, que revient la gloire d'avoir donné une définition scientifique du spiritisme, et d'avoir tracé le plan des recherches. Quelques savants lui opposent le russe Alexandre d'Aksakow, le père de l'école allemande. Son grand mérite fut de créer de nombreux cercles d'initiés. Dans les séances qu'il dirigeait, les corps astraux se manifestaient avec une intensité telle (voir l'annexe), qu'il put réunir une vraie collection de documents curieux, tels que : empreintes sur plâtre, sur cire, etc., qu'il publia sous forme de planches photo-lithographiques dans son ouvrage *Animisme et spiritisme*. N'étaient admis à ces séances que des savants et des écrivains, qui n'auraient jamais prêté la main à quelque supercherie dont le seul résultat eût été de les tromper eux-mêmes.

L'occultisme a connu les persécutions, qu'on peut imputer plus encore à l'obscurantisme judiciaire qu'au fanatisme religieux. C'était à l'époque (de 1580 à 1680), où l'Inquisition s'appesantissait sur les foules et voyait partout l'empreinte de la griffe du diable.

Quelque grande que soit la force du démon, la force divine lui est peut-être encore supérieure, et un spirite convaincu ne se laisse point berner par les discours dont trop souvent le clergé endoctrine ses fidèles. Les somnambules d'aujourd'hui, se furent, dans les temps reculés, les devins et les sorciers, qui se servaient de leur science pour le plus grand mal de l'humanité. Les phénomènes qui se manifestent dans presque toutes les réunions de spirites, étaient, suivant le caractère des assistants, tenus pour des diableries venant de ceux qu'on considérait comme des dépravés et pour des manifestations de la puissance divine, quand on pouvait donner à ces visions un caractère sacré. Les saints de la religion, qui n'en étaient point encore arrivés à l'état transcendental, étaient presque tous somnambules. Quelques-uns des miracles du Christ et de ses disciples s'expliquent aisément par le magnétisme et le spiritisme, tandis que d'autres sont bien nettement la preuve de son essence divine : Jésus-Christ a pu faire ses miracles parce qu'il était d'une nature plus parfaite et plus pure que les autres hommes. Tandis que l'Eglise tient souvent les miracles pour des œuvres du diable, saint Augustin s'exprime en ces termes à leur sujet dans son livre *De Civitate Dei* (XXI, 8) : « Un miracle n'est point en opposition avec la nature, mais bien avec ce qui nous est connu d'elle. »

« *Nos habitat, non tartara, sed nec sidera cœli : spiritus in nobis qui viget illa fecit* », dit de ces miracles Corneille Agrippa ; ce qui signifie : Ni le ciel, ni l'enfer n'habitent en nous. L'esprit qui domine en nous les provoque, les y introduit. Le polythéisme des anciens Grecs et Romains, ainsi que celui des païens d'aujourd'hui, s'explique par le spiritisme. Il y a eu de tous temps des somnambules et des médiums, et l'on verra par ce qui suit qu'il n'est pas difficile de les découvrir.

J'ai déjà dit qu'un spirite devait non seulement croire, mais encore être convaincu de la présence dans l'univers des corps astraux. Peu importe, d'ailleurs, la nature de cette foi, pourvu qu'elle existe et soit assez forte pour atteindre à la persuasion absolue. Le spiritisme peut être considéré comme un processus spirituel.

Toutes les religions enseignent que la vie ne cesse point avec notre mort. Ce qui signifie que le corps de l'homme, même pendant la vie, est nanti d'un corps astral — ce que les chrétiens appellent l'âme ; l'affirmation qu'après la mort le corps humain se trouve transformé en corps astral n'est pas admissible. Le but principal du spiritisme est en somme de prouver cette immortalité de l'homme. Les théologiens, ignorants de tout ce qui concerne les corps astraux, n'ont vu dans les sciences occultes que des procédés pour saper la religion dans ses bases, alors qu'au contraire, elles leur fourniraient des preuves autrement convaincantes que tous leurs discours amphigouriques sur la nécessité de la foi. L'athée, convaincu de l'existence du corps astral, a transformé en foi son incrédulité, et il serait à souhaiter que pareil procédé de persuasion fût employé par le clergé. Le spiritisme a ceci de commun avec la religion qu'il confirme la croyance en une vie à venir et en l'immortalité de l'âme, qui en sont les dogmes fondamentaux communs. Il y a du reste une philosophie dans le spiritisme, la philosophie spiritiste, dont Charles du Prel a si bien parlé dans ses vastes œuvres. A notre époque, une nouvelle religion scientifique, la théosophie, a fait son apparition. Elle dérive des sciences occultes, et ses dogmes, d'origine hindoue, sont encore moins compréhensibles que ceux des religions populaires actuelles.

Puisque je suis sur ce sujet, je ne puis passer sous silence l'animisme, pour le différencier nettement du spiritisme. Du Prel prétend que l'animisme comprend les phénomènes dont le médium est la cause, tandis que le spiritisme comprend ceux dont il est la condition, et qui sont produits par des êtres invisibles ou exceptionnellement visibles. C'est admettre l'existence des forces psychiques émanant du corps astral du médium (animisme, de anima : âme) et d'autres émanant des corps astraux des morts (spiritisme, de spiritus : esprit).

D'après Alexandre d'Aksakow, on distingue trois catégories d'apparitions : 1° Le personnisme, phénomènes psychiques involontaires intramédiumiques, c'est-à-dire se manifestant à l'intérieur des limites de la sphère corporelle du médium, et dont le caractère saillant est la personnification, c'est-à-dire l'assimilation ou l'adoption par le médium d'une personnalité étrangère à la sienne. — 2° L'animisme, c'est-à-dire les phénomènes psychiques involontaires qui sont extramédiumiques, et se passent en dehors des limites de la sphère corporelle du médium. A cette catégorie appartiennent les relations intellectuelles, l'extériorisation de la sensibilité et de la motricité, la vue à distance, la matérialisation. — 3° Enfin le spiritisme qui comprend des phénomènes des deux catégories précédentes, mais qu'il faut rattacher à une cause extramédiumique et surnaturelle.

Un même phénomène peut appartenir à la fois au personnisme et à l'animisme et aussi au spiritisme. Le problème revient donc à décider à quelle hypothèse on doit s'arrêter, quand on n'admet pas qu'une épithète commune puisse s'appliquer à tous ces phénomènes. C'est une grande erreur du spiritisme que de vouloir attribuer aux « esprits » toutes les apparitions. L'épithète de « médiumisme » conviendrait mieux encore aux phénomènes des deux premières catégories. Aksakow l'a proposé, et cette appellation a conquis droit de cité en Russie.

Comment on parle avec les Morts

PARTIE SPÉCIALE

Avant d'aborder l'étude du spiritisme, il nous faut parler des causes et des principes du médiumisme.

Tout ici bas est rempli d'un fluide, l'éther, que nous appellerons fluide magnétique. Tout organisme vivant est soumis à une force d'attraction destinée à établir l'équilibre du fluide intérieur avec le fluide universel. L'éther qu'il émet influe plus ou moins sur les objets extérieurs. Chez les personnes possédant un puissant potentiel de fluide, ce dernier se transmet à des objets qu'elles ne touchent point ou à peine. Cet agent, dont les effets paraissent souvent différents de ceux des fluides électrique et magnétique, est cependant parfois confondu avec eux. Les manifestations de la force odique, de « l'aura nerveuse », du fluide vital, sont identiques. Le magnétisme animal, c'est-à-dire la force par laquelle un organisme influe sur un autre, ou bien celle par laquelle un objet extérieur réagit sur le cerveau ou sur le système nerveux, lui est également comparable. Comme le ciment réunit les pierres entre elles, il constitue le lien entre la nature et l'organisme, et existe dans toutes les forces de la nature.

Si les corps astraux se manifestent par le médium, qu'on observe si le même corps astral se manifeste dans toutes les séances. Ce sera ce qu'on appelle l'esprit de contrôle du médium. On entend par là, l'esprit qui a sur le médium le meilleur contrôle, en ce sens qu'il possède, mieux que d'autres, la facilité de se manifester par lui, parce que son fluide et celui du médium se combinent aisément. Il possède aussi un contrôle sur les autres corps astraux qui peuvent éventuellement se manifester par le médium, favorisant les uns, repoussant les autres, grâce à son influence prépondérante. C'est lui aussi qui donne, par l'intermédiaire du médium, des avertissements à l'égard de certaines personnes qu'il faut éloigner de la réunion, sur l'air et la lumière nécessaires, etc. L'esprit de contrôle est en un mot un conseiller et un guide bienveillant et sûr pour le médium et pour la réunion. Il est évident que certains médiums faibles ne permettent la manifestation que d'un seul esprit. Plus est grande la quantité de fluide nécessaire aux corps astraux pour se manifester, plus ces manifestations sont nombreuses et variées, si bien que certains médiums sensibles, qui puisent en eux-mêmes ou dans les membres de la réunion une force suffisante, peuvent arriver à personnifier trois, quatre, cinq corps astraux et plus encore.

Aux personnes qui désirent se renseigner sur les moments favorables pour la production de certains phénomènes, les « coups frappés », par exemple, nous conseillons la lecture de l'ouvrage de Royer, intitulé « Philosophy of mysterious agents » (Boston). Ce sont des considérations dans lesquelles nous ne pouvons entrer ici.

Il ne faut pas confondre spiritisme avec spiritualisme. Le spiritisme s'applique aux relations avec les corps astraux, tandis que le spiritualisme a pour étude l'activité spirituelle de l'homme. Il y a donc une grande différence entre ces deux expressions. Un spirite est toujours un spiritualiste, tandis que ce dernier peut fort bien ne pas être spirite.

Les réunions spirites sont dénommées des « séances ». On distingue, suivant les buts qu'elles poursuivent, trois catégories de séances. Les premières n'ont pour but que la conversation en commun sur des sujets spirites : c'est un sport d'un genre particulier. La deuxième catégorie de ces séances, dites « séances de famille », s'occupe des relations avec les morts. Enfin les spirites n'envisagent que la troisième catégorie, celle des « séances témoins »; celles-là ont un but de vulgarisation, et comme leur nom l'indique, elles témoignent des phénomènes qui s'y produisent. Les deux premières catégories ont un intérêt purement personnel, la troisième seule un but scientifique.

Avant d'aborder le sujet des médiums, il nous faut nécessairement étudier la composition d'une séance. On commence par former la « chaîne », puis on cherche à endormir d'un sommeil magnétique, sous l'influence d'un magnétiseur, la personne qui paraît présenter des qualités médiumiques. On peut chercher, parmi les personnes qui composent la chaîne, le ou les médiums nécessaires. Si l'on n'a pas de magnétiseur sous la main, on forme la chaîne, et on attend tranquillement que le médium éventuel s'endorme. La chaîne se compose de personnes rangées dans un ordre alternatif ou non, autour d'une table légère, à quatre pieds. Chacun passe l'auriculaire de sa main droite dans celui de la main gauche de son voisin de droite. La théorie du magnétisme, d'où dérivent le mesmérisme et toute la thérapeutique magnétique, nous apprend que de toutes les parties du corps, et surtout de l'extrémité des doigts, émane un fluide magnétique se dirigeant vers la partie opposée. Le corps humain est en quelque sorte polarisé. Le côté gauche produit un courant négatif, le droit un courant positif. Les personnes calmes et douces — les femmes, sauf exception — sont affectées négativement, à l'encontre des hommes qui le sont positivement. L'homme, partie agissante, est positif, et d'autant plus positif qu'il est plus viril et plus énergique. La femme, partie réceptrice, est négative, d'autant plus qu'elle est plus douce et plus frêle. Aussi, quand l'intervention d'un magnétiseur est nécessaire pour amener le sommeil indispensable à la production des phénomènes de transe spiritiste, faut-il placer le médium la tête au nord et les pieds au sud, pour faire concorder les forces magnétiques du corps avec celles de la nature. Toutes ces prescriptions n'ont point encore été confirmées par la théorie, mais la pratique démontre qu'elles produisent de bons résultats.

Dans la constitution de la chaîne, il faut veiller à la production constante ou alternative du fluide. Au début, on mettra toutes les dames à gauche, tous les messieurs à droite du médium, la chaîne n'étant pas fermée. La partie négative peut comprendre quelques éléments de plus, car le courant n'est jamais aussi fort de ce côté que de l'autre. On veillera à ce que le médium se place toujours au bout de la table, afin qu'il puisse provoquer les mouvements de celle-ci. Tout ceci ne peut avoir lieu que quand une personne de la société est connue comme médium. Mais il ne manque pas de séances, donnant du reste de bons résultats, et que l'on commence sans que personne sache qui est le médium. Il est facile de le découvrir dès les premières réunions, à moins qu'il ne se révèle lui-même.

Une autre méthode consiste à former la chaîne de messieurs et de dames alternativement. L'expérience montre qu'on obtient de la sorte de bien meilleurs résultats.

Il faut se tenir prêt à obéir aux moindres ordres des corps astraux, car le succès ne s'obtient qu'au prix d'une subordination complète aux volontés des esprits. Aussi, dès que la chaîne a été formée, doit-on s'efforcer d'obtenir dans le cercle le repos et le calme le plus absolu. Le silence, fatigant à la longue, sera avantageusement rompu par des auditions d'une boîte à musique qu'on aura posée sur une table voisine, de façon à pouvoir l'arrêter instantanément, et lui faire reprendre son jeu à volonté. Ce procédé aura pour but de changer les pensées, concentrées sur l'appatition de l'esprit. On peut aussi chanter des chœurs ou faire quelque lecture d'œuvres sérieuses, en excluant sévèrement les auteurs frivoles. Il faut aussi avoir soin, avant la séance, de visiter en détail la chambre, afin de s'assurer qu'il ne s'y trouve point quelque statue ou quelque tableau de nature à offenser les esprits et qu'il faudrait alors éloigner à tout prix. Au bout d'un quart d'heure, on peut interrompre la musique ou la lecture, pour prêter toute son attention aux moindres sons, craquements ou mouvements. Les médiums et les personnes ayant de fortes dispositions à le devenir, entrent en transe au bout de quelques minutes, alors qu'il faut parfois des heures aux débutants. L'hypnotisme et le magnétisme amènent ce résultat, comme on le verra plus loin.

Quand le silence persiste, il faut s'assurer que personne dans le cercle n'est en état de sommeil. La personne qui dirige la séance demande alors à haute voix : « Voyez-vous quelque chose ? » ou « Êtes-vous là ? » Dans les premières séances, il ne faut point espérer recevoir de réponse. Il faut donc ne pas jeter le manche après la cognée, car le succès ne peut tarder à récompenser les efforts.

Il est aussi nécessaire que le médium ou celui qu'on suppose tel soit endormi. Il arrive souvent que des personnes ayant des dispositions à la médiumnité entrent en état de somnolence ; les prodromes du sommeil médianimique sont l'inquiétude et les tremblements, caractérisés par un râle particulier analogue à celui des asthmatiques.

L'état de sommeil ou de transe n'est indispensable, du reste, que pour donner au corps astral l'occasion de se manifester par la bouche du médium, par conséquent quand on veut obtenir des phénomènes en paroles, ou des phénomènes de matérialisation.

Les phénomènes physiques, tels que déplacements des objets, tables tournantes, coups frappés dans les murs, etc., ainsi que les phénomènes d'écriture, par lesquels le corps astral pousse le médium à écrire soit par inspiration, soit en agissant directement sur sa main, n'exigent point le sommeil médianimique.

Quand on a posé des questions sans recevoir de réponse, il faut que la séance continue : on se borne à les répéter de temps en temps. Le succès dépend beaucoup du nombre des expérimentateurs. Il faut qu'il n'y ait jamais moins de quatre, jamais plus de douze personnes présentes. Il faut s'assurer avant tout qu'il n'y a pas de malades, surtout point de neurasthénique dans l'assistance. Leurs nerfs épuisés seraient un obstacle infranchissable à la force qu'on veut communiquer au médium. Qu'on veille aussi à ce que l'assistance soit toujours la même, les mêmes personnes occupant toujours la même place. Le plus petit désordre pourrait amener des résultats absolument négatifs. Ces expérimentateurs doivent être de caractère sérieux, religieux pour ainsi dire. Il faut en exclure une fois pour toutes les personnes méchamment sceptiques, c'est-à-dire ne voulant pas admettre la vérité des phénomènes spirites, dans la crainte que leur esprit d'opposition ne soit reconnu erroné.

Tout homme de bonne volonté peut être admis, même un sceptique qui ne serait amené que par la curiosité. Seul le sceptique méchant et présomptueux est une pierre d'achoppement certaine pour les phénomènes.

Une séance peut ne donner aucun résultat par la faute de celui qui la dirige, s'il pose trop tard les questions nécessaires. Il vaut mieux en poser trop, et toujours d'un ton suppliant, car on ne sait jamais qui se manifestera, du corps astral du médium ou de celui d'un esprit. J'ai connu un cercle dont le médium, formé en Angleterre et dans les Etats-Unis, répondait aux sollicitations des corps astraux étrangers au bout de quatre minutes de séance, tout en paraissant s'occuper d'autre chose jusqu'au moment où l'expérimentateur commençait ses questions. Celui-ci étant donc en partie responsable du succès de la séance, s'il n'a pas la langue bien pendue et prompte à la riposte, il faut le remplacer immédiatement.

On voit par ce qui précède que, dans une séance, tout dépend de deux personnes : le médium central d'abord, puis l'expérimentateur qui dirige la séance. Cette appellation de « médium central » provient de ce que sur lui se concentre toute la force magnétique, qu'il a le pouvoir de transformer en entités saisissables. Il peut y avoir dans la séance d'autres personnes utilisables comme médiums. En tout cas, il paraît indiqué de se servir toujours du même médium et même d'éviter l'admission dans la chaîne d'autres somnambules et d'autres médiums.

C'est une grosse peine et une grande dépense de temps que de former un médium en séance. On n'y amènera donc qu'accidentellement des élèves.

Il existe cependant des cercles où trois ou quatre élèves médiums assistent à chaque séance, pour être utilisés dans des séances supplémentaires comme sujets d'expérience.

On les introduit dans la chaîne sans changer l'ordre des assistants, et on obtient de la sorte les meilleurs résultats.

Le succès de l'expérience dépendant aussi en grande partie de celui qui la guide, ce sera de préférence un magnétiseur très exercé. Il prend place toujours à droite du médium, tenant par conséquent la main droite de celui-ci dans la sienne. Si le médium tombe dans le sommeil hypnotique ou en transe, l'expérimentateur retire ses mains et pose la gauche sur l'épaule droite du médium, pour former ainsi la chaîne aussi longtemps qu'il le juge nécessaire, ce qui devient du reste inutile quand le médium possède une force magnétique suffisante.

Il faut que l'expérimentateur soit un homme intelligent, à l'esprit délié, à la parole facile, rompu à la théorie et à la pratique du spiritisme. Il doit rejeter absolument tout bavardage intempestif et surtout le « commérage » si séduisant en pareil cas, car il arrive souvent alors que le médium s'éveille ou réponde à ces questions oiseuses : — « Il est parti ! »

Le calme, la réflexion et le sérieux sont les trois qualités maîtresses qu'il faut exiger de celui qui dirige l'expérience. Il le faut aussi circonspect, capable de prévenir les fautes et les omissions qu'on pourrait commettre ; dès qu'on est en relation avec l'esprit de contrôle, il doit lui demander souvent si la chaîne est bien formée et si tout se passe selon son désir.

Généralement, quand, dans un cercle, on a découvert un médium ou un somnambule, on voudrait avoir une séance tous les soirs, ce qui ne laisserait pas que d'être absolument déraisonnable. On peut travailler, avec un bon médium, une fois par semaine, et autant que possible à la même heure et au même endroit. Si les premières séances n'ont révélé la présence d'aucune personne qualifiée pour remplir les fonctions de médium, si par conséquent on n'est arrivé ni à la transmission de la pensée, ni à la vision à distance, ni à la télépathie ni à rien de semblable, on pourra sans inconvénient avoir trois ou quatre séances dans la même semaine. Si l'on a travaillé de la sorte sans résultat pendant un mois — ou même pendant plus longtemps, à raison d'une séance par semaine — on reforme le cercle en y appelant de nouveaux membres et en rejetant délibérément ceux que l'on rend responsables de l'échec.

Chaque séance ne doit pas durer plus d'une heure, à partir du moment où le médium entre en transe ou du moment de l'apparition de symptômes qui peuvent faire croire à la présence d'autres êtres. Dans les premiers temps, la personne considérée comme médium ne tombe dans le sommeil médianimique que pendant quelques minutes. Il faut alors absolument que tout le monde reste immobile, afin de lui permettre de s'habituer à cet état.

Neuf heures du soir est le meilleur moment pour commencer la séance; on peut néanmoins se conformer aux habitudes des expérimentateurs. Mais il faut toujours attendre le coucher du soleil, car des résultats en plein jour ne s'obtiennent qu'avec un excellent médium et un guide d'expérience fort habile.

La puissance médiumique semble déjà diminuée avant le lever du soleil, c'est cela sans doute qui a fait dire autrefois que les esprits cessent de se manifester après minuit.

Cela tient probablement à l'irradiation du globe terrestre. Il est aussi à remarquer que le sommeil avant minuit est beaucoup plus profitable, toutes choses égales d'ailleurs, que le sommeil après minuit.

La personne qui dirige l'expérience doit aussi se préoccuper des questions de lieu et de température pour les séances. Il faut choisir une fois pour toutes un local et y rester fidèle, le prendre loin des bruits du dehors, afin que le fracas des rues ne vienne point troubler les pensées des expérimentateurs, ni mettre obstacle au sommeil du médium. Si l'on a à sa disposition une pièce donnant sur un jardin, il faut l'employer de préférence, car la nature vient en aide aux phénomènes naturels. La température de la pièce doit être contrôlée au début de chaque séance, ainsi que l'air qui y pénètre. Une température trop basse ou trop élevée, un courant d'air humide empêchent les manifestations spirites. Bien qu'il ait été prouvé que l'on puisse travailler dans des locaux absolument fermés, il est néanmoins préférable de les aérer en y faisant pénétrer un courant d'air sec et froid, afin que la température atteigne environ 15 à 16 degrés.

La lumière a une importance considérable pour les séances spirites. L'obscurité est ce qu'il y a de préférable, surtout pour les séances dites « de famille ». Plus tard, on pourra travailler à la lumière d'une lampe tamisée par un verre noirci. Dans certains cercles, on s'éclaire au moyen d'une lampe placée dans une pièce voisine, et dont la lueur pénètre dans la salle de séance par l'entrebâillement d'une porte ou par la fenêtre. Ce procédé n'est guère à recommander, car alors la chambre n'est point uniformément éclairée et présente, à côté de raies brillantes, des endroits obscurs. Pour déjouer toute tentative de supercherie, il vaut mieux employer le moyen précédent, en ayant toujours une boîte d'allumettes à portée de la main.

Les supercheries sont généralement à craindre dans les cercles composés de plus de dix personnes. Si l'on prend quelqu'un en flagrant délit, il ne faut pas craindre de l'expulser énergiquement. Un exemple entre mille montrera combien les femmes sont sujettes à l'envie de se faire passer pour des médiums, et à quels procédés elles ont recours pour y arriver. Dans certaines séances, on observa à maintes reprises une étrange lueur violette qui émanait des doigts de certaine dame. On découvrit au bout de quelque temps que cette dame avait caché dans sa chevelure tout un paquet d'allumettes chimiques. Elle portait constamment la main à ses cheveux, et s'était de la sorte taillé une belle réputation de « médium phosphorescent ».

Les annales du spiritisme s'enrichissent journellement de

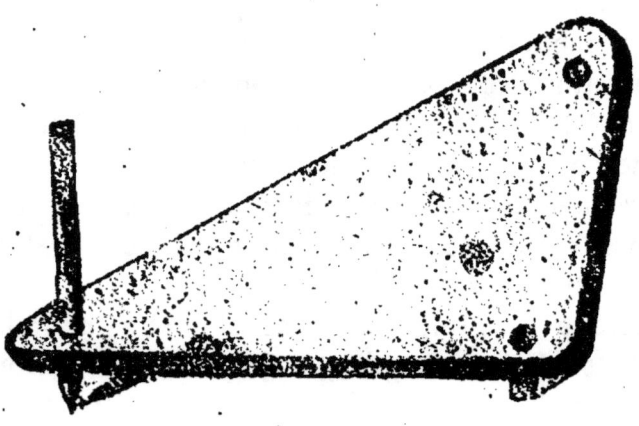

procès-verbaux dont la confection est fort simple, mais dont l'utilité est immense, surtout si l'on prend soin de les faire contresigner par tous les expérimentateurs, — sauf le médium, — qui les déclarent conformes à la vérité.

Avant d'ouvrir une séance, il faut s'assurer qu'on a sous la main le matériel nécessaire et tout sortir du magasin des accessoires spirites, afin qu'il n'arrive point ce qui se passe souvent sur les scènes d'amateurs, où les acteurs n'ont rien sous la main pendant la représentation. Il faut d'abord un récepteur de sons ou caisse de résonnance. Une boîte à cigares vide, profonde et sans couvercle fera l'affaire. Placée au milieu de la table d'expérience, elle servira à renforcer les « coups frappés » par lesquels se manifestent certains esprits. Il faut aussi du papier et des crayons ; ceux-ci, sur la demande du médium, lui seront tendus verticalement et la pointe en bas. Une machine à écrire très facile à construire, sert souvent aux esprits à se manifester. Elle consiste essentiellement en un triangle équilatéral en bois, dont deux sommets sont appuyés sur de petits bâtons longs de 10 à 15 centimètres, tandis que le troisième est muni d'un trou où passe la pointe d'un crayon fixé verticalement. Le tout a une largeur suffisante pour y poser la main à plat (voir la figure). On pose cet appareil sur une feuille de papier, devant le médium. La main de celui-ci s'appuie sur la planchette, et après quelques exercices il arrivera à tracer, avec le crayon, des caractères fort nets, qui le plus souvent ont été écrits par des corps astraux. Il faudra aussi un verre à pied, recouvert d'une planchette de bois mince, à laquelle sera fixé un fil très fin. A l'extrémité de ce fil pendra une petite balle de plomb qui plongera de 4 centimètres dans le verre. Cet appareil délicat enregistrera la présence du moindre corps astral, car le plus léger contact sur le verre suffit à lui faire rendre un son prolongé. Les tubes lumineux constituent un appareil encore plus précis. Ce sont des tubes de verre où l'on a fait le vide après y avoir placé une goutte de mercure, et qui s'irradient au contact d'une main astrale. Enfin, sur une table voisine on placera des boules, un alphabet, etc., en un mot tous les accessoires nécessaires aux phénomènes spéciaux par lesquels tels ou tels esprits se manifestent par l'intermédiaire des médiums : c'est un fait avéré que ceux-ci font souvent en état de transe des choses qu'ils seraient parfaitement incapables d'accomplir étant éveillés.

LES MÉDIUMS.

Quand on est convaincu qu'il se trouve un médium dans le cercle, toutes les forces magnétiques nées dans la chaîne ou produites dans son entourage convergent immédiatement vers lui.

Déjà dans la thérapeutique courante, l'hypnotiseur ne peut exercer son influence que dans un milieu sympathique. Il en est de même dans le domaine du spiritisme. Les expérimentateurs ont une influence indéniable sur le médium d'abord, sur les êtres astraux ensuite. La concentration des pensées de tous les assistants est absolument indispensable pour augmenter la force magnétique du médium. Cette concordance cesse quand l'un des expérimentateurs ressent de l'aversion pour le médium, et l'antipathie de plusieurs personnes à l'égard de celui-ci peut annihiler totalement les résultats. Lorsque quelque personne de l'assistance est antipathique au médium, il arrive souvent que celui-ci la renvoie pendant son sommeil, ce dont il serait parfois parfaitement incapable à l'état de veille. Pour éviter de pareils incidents, il est bon, en constituant un cercle, d'exiger que tous ses membres affirment qu'ils n'ont point d'antipathie les uns pour les autres, et même qu'ils sympathisent comme le feraient les membres d'une même famille. Il ne faut pas être grand psychologue pour reconnaître à première vue les caractères qui ne peuvent sympathiser. Le mage Angelus Silesius dit avec justesse :

> Sur cette terre, à son image
> L'homme toujours a son visage.

Si toutes les pensées des membres de l'assistance ne peuvent converger en vue de la production des forces spirites, que du moins on se garde d'autres pensées gênantes pour le médium. Que l'expérimentateur qui dirige la séance parle le moins possible en regardant le médium, et que les autres ne le regardent même pas, car les émanations de notre corps grossier gênent les êtres astraux au point de faire disparaître leur matérialisation.

Le médium est revêtu d'une apparence corporelle, l'être qu'utilisent les morts pour fournir la preuve de leur présence dans l'éther et pour matérialiser leurs corps invisibles. Tout homme a des qualités médiumiques plus ou moins grandes ; plus sa sensibilité est développée, plus sa réceptivité est grande, plus facilement il entre en relation avec les esprits, surtout quand tout l'influx magnétique du cercle des expérimentateurs vient à la rescousse.

A la limite, il arrive à voir les corps astraux, et il n'est pas rare qu'un médium, dans une séance, montre aux assistants, à telle ou telle place, des apparitions que les sens grossiers de ceux-ci ne peuvent percevoir. Pour qu'un assistant puisse voir un esprit matérialisé, il lui faut, outre la santé et des nerfs robustes, une quantité d'influx magnétique qui ne peut s'acquérir que par des expériences répétées.

Quand on a découvert une personne sensible, il faut examiner si elle vaut la peine d'être transformée en médium ou en somnambule. On possède deux procédés pour cela, le magnétisme d'abord, et ensuite un instrument appelé médiumètre. Un magnétiseur, ou une personne aux nerfs solides, susceptible de remplir ce rôle, s'assied en face du sujet, pose ses pouces sur les poings fermés de son vis-à-vis et le fixe sans que celui-ci regarde le magnétiseur. Cette opération doit se faire au milieu du plus profond silence. Si au bout de quelques minutes, le sujet éprouve une sensation de brûlures, de picotements, de tiraillements, s'il devient inquiet, si ses épaules et ses bras commencent à trembler, on peut le former ; ce ne sera pas du temps perdu. Le magnétiseur peut aussi mettre le bout de ses doigts sur les paumes du sujet. Une troisième méthode préconise le jointement des mains. Mais ces deux dernières méthodes sont peu sûres, car la contraction des muscles du sujet est souvent due plutôt à la position des mains qu'à un influx magnétique quelconque. On peut aussi se servir du médiumètre. Cet appareil se compose essentiellement d'un fil de soie long de 1 à 2 mètres, fixé au plafond de la chambre, et portant à son extrémité libre une sphère de bois de 6 centimètres de diamètre environ. Le sujet doit, pendant quelques minutes, serrer la sphère dans ses mains, puis la lâcher en maintenant l'extrémité des doigts à 6 ou 8 centimètres de distance. La sphère est alors animée d'un mouvement d'attraction ou de répulsion proportionnelle au potentiel magnétique qu'elle a emmagasiné. Cette méthode ne vaut pas celle du magnétisme. Il ne faut donc pas accorder au médiumètre une confiance trop grande, de peur d'être fort cruellement trompé.

L'âge et la situation du sujet n'influent en rien sur ses qualités médiumiques. On cite l'exemple de petits enfants qui furent d'excellents médiums. A Memphis, un corps astral s'est manifesté par la bouche du jeune Essy Mott, âgé de deux ans. Un pauvre garçon cordonnier des Etats-Unis, dénué de toute instruction, a écrit sur les êtres astraux des ouvrages philosophiques et scientifiques qui font encore autorité en la matière. Quand on découvre une perle précieuse, on la conserve avec soin, il en est de même pour un médium.

Le médium doit mener autant que possible une vie d'abstinence. Sa nourriture doit être simple et frugale. Il serait à désirer qu'il fût plutôt végétarien, quoique les viandes, en particulier celle de veau, lui soient permises ; seule la viande crue est échauffante. Les médiums qui veulent conserver leurs précieuses facultés doivent se passer de thé, de café, de boissons alcooliques, ou n'user alors que très modérément de ces excitants. Le médium qui a résolu de vivre en végétarien doit bien se garder d'adopter brusquement ce régime : il pourrait s'en repentir. Il faut qu'il procède très graduellement, pour éviter les troubles gastriques. Mais c'est une erreur de croire que le végétarisme soit indispensable. Le végétarien ne possède évidemment ni meilleure santé, ni meilleure mine que celui qui mange de la viande modérément. Il est absolument évident qu'un corps affaibli, qui offre l'apparence d'un squelette, est plus accessible à la maladie qu'un organisme normal, dans lequel l'ingestion rationnelle de la viande procure la prophylaxie nécessaire.

Une question encore à l'ordre du jour est celle de savoir si l'état de transe et le travail spécial du médium ne sont point nuisibles à la santé. S'il est prouvé que l'hypnose somnambulique n'offre point de dangers, encore faut-il qu'on ne mette pas trop souvent le sujet dans cet état, et qu'on ne lui impose point de suggestions absurdes. Un écrivain allemand, dans un livre intitulé *L'hypnose est-elle dangereuse ?* a prouvé par des arguments convaincants pour les adversaires de cette pratique, qui ne le sont que par ignorance, la parfaite innocuité de l'hypnotisme. Ces considérations s'appliquent en partie à la transe spirite. Employée avec tact et mesure, elle n'a encore fait de mal à personne, mais son abus pourrait coûter fort cher. Le sommeil magnétique est pour le sujet, quand on ne le fait point *travailler* pendant qu'il dort, plus reposant, plus réconfortant que le sommeil ordinaire. Une heure de ce sommeil calme vaut pour lui cinq ou six heures d'une nuit sans rêves. Il peut devenir dangereux, quand on conduit le patient dans le domaine des visions, de l'extériorisation, de la télépathie, de la transmission de pensée, etc. Il en est de même pour le sommeil médianimique, aussi ne doit-on user d'un bon médium qu'une fois par semaine. Le médium qui voudrait abuser de ses précieuses qualités ne tarderait pas à les perdre irrémédiablement. La neurasthénie, la consomption et la mort ne tarderaient pas à résulter d'incursions trop fréquentes dans le domaine des phénomènes de matérialisation.

Un médium exercé fréquente volontiers les séances. Il se plaît dans l'état de transe, bien qu'ignorant totalement ce qu'il y dit et ce qu'il y fait. Les médiums à matérialisation professionnels ont presque tous mauvaise mine, à cause des perturbations physiques dont ils souffrent. Dans l'état de transe, le poids du corps se trouve réduit du quart. J'enregistre le fait que Newton lui-même, qui découvrit la gravitation universelle, n'aurait pu expliquer. Mais comme ce savant déclare lui-même ignorer ce que c'est que la pesanteur, on ne peut prétendre que cette variation de poids en état somnambulique ne provient pas d'une cause tout à fait naturelle. Ce qu'il y a de certain, c'est que des médiums en état de transe ont pu marcher sur des objets qui n'auraient pas, sans se briser, supporté leur poids à l'état de veille. C'est à des phénomènes de ce genre, aujourd'hui expliqués par des lois naturelles, qu'il faut rapporter l'épreuve de l'eau et celle du feu des sorciers du moyen âge. Ceux qu'on appelait alors des magiciens sont aujourd'hui des somnambules. On les poursuivait alors pour les brûler. Aujourd'hui on les recherche pour les honorer. Tous ces faits du moyen âge, enregistrés dans des documents précis, et attestés par des témoins innombrables, sont aujourd'hui expliqués par la science : Il faut être d'une ignorance crasse ou d'une mauvaise foi singulière pour le nier. Les sorciers du moyen âge tombaient dans une sorte d'extase qui les rendaient insensibles aux émotions du dehors. Il est prouvé qu'ils perdaient si bien de leur poids, que, ficelés dans un sac et jetés à l'eau, ils n'enfonçaient point, et que les vagues les transportaient comme une bouée sur la rive. L'ignorance de cette époque, et le moderne esprit « chrétien », qui voit le diable partout, ont taxé ces phénomènes de miracles.

L'éducation du médium est de la plus haute importance. Il faut y apporter la plus grande prudence. Beaucoup ont été gâtés, par suite de la hâte trop grande apportée à leur éducation. Les causes d'insuccès sont nombreuses dans la médiumnité, et il suffit souvent d'un peu de hâte pour tout gâter. Qu'on se contente de travailler l'hypnotisme, voire même le magnétisme aussi longtemps que c'est nécessaire. Le mieux est l'ennemi du bien, qu'on s'en souvienne. Souvent le médium voudrait faire cesser la séance ou mettre un terme aux questions qu'on lui pose. Que l'on songe alors qu'il est réellement fatigué, car le plus souvent c'est pour lui une vraie passion que de se laisser plonger dans l'état transcendental, malgré les ravages que des expériences trop fréquemment répétées peuvent causer à sa santé. Travaillons donc lentement, progressivement ; c'est le vrai moyen d'arriver aux expériences les plus intéressantes. Qui va piano va sano. L'entraînement du médium demande à être conduit avec une sage lenteur.

Un musicien fait souche de musiciens. Un syphilitique transmet cette terrible maladie à ses descendants. Il en est de même pour les médiums. Les enfants auront, en mieux, toutes les dispositions de leur père. Donc, les enfants des médiums seront plus faciles à former que leurs pères. Mais il n'est point de règle sans exception, dans ce domaine comme dans tous les autres.

SPIRITISME PRATIQUE

Une chose de grande importance, c'est la manière dont l'état de sommeil est amené. Tous les médiums n'ont pas besoin d'être formés spécialement. J'en ai connu un qui s'endormait dès qu'il se trouvait en contact avec la chaîne. Il en est généralement tout autrement pour la plupart des personnes chez qui on croit avoir trouvé des dispositions à la médiumnité, et qui ont besoin d'exercer longuement leurs rares facultés avant de pouvoir les employer. C'est en quelque sorte la réceptivité de ces personnes qu'il faut développer pour arriver à un bon résultat. Au fond, des exercices préalables ne sont pas indispensables au médium, mais ils ont le même avantage que l'école pour celui qui se prépare à exercer une profession : l'étudiant ayant fait des études préliminaires réalise des progrès plus rapides, cela est hors de doute. Ces exercices, qui ressortent du domaine de l'hypnotisme, de la statuvolence ou du magnétisme, peuvent avoir lieu en plein jour, mais il est recommandé de ne les faire que dans un local tranquille et silencieux. La durée d'une séance est essentiellement variable et dépend surtout de la réceptivité du sujet. Les lignes qui vont suivre montreront la facilité qu'a chacun de pratiquer ces exercices.

1. L'HYPNOTISME.

Il y a dans l'hypnotisme deux parties essentiellement différentes, l'hypnose et la suggestion. L'hypnose est l'état de sommeil, la suggestion est l'influence de l'hypnotiseur sur le cerveau du sujet. On peut amener l'hypnose de plusieurs manières, suivant qu'on agit sur tel ou tel sens du sujet pour le faire tomber dans un état comparable au sommeil. Je vais donner ici les deux méthodes qui me paraissent le plus pratiques à cet effet. Notons tout d'abord qu'il faut renoncer à hypnotiser toute personne qui ne veut point se laisser faire ou qui se montre encore réfractaire après la dixième séance.

On place le sujet le dos à la lumière, qu'on fait tomber en plein sur l'hypnoscope, que le sujet doit fixer. L'hypnoscope peut être constitué par un prisme de verre, un miroir, un morceau de cristal, etc. Au bout de quelques instants, les yeux du sujet se mettent à tourner, ses pupilles se dirigent à droite et à gauche, puis en haut. Les paupières se ferment alors, et ne s'ouvriront plus sans l'intervention de l'hypnotiseur. Le sujet est endormi.

L'autre méthode, plus pénible pour l'expérimentateur, est la suivante : Le sujet s'installe sur une chaise, comme pour dormir et de façon à ce que ses jambes forment un angle droit; il tourne le dos à la lumière. L'hypnotiseur s'assied en face du sujet, place ses mains sur les genoux de celui-ci, qu'il serre entre les siens. Le sujet fixe les yeux de l'hypnotiseur, où doit se refléter la lumière. Au bout d'un temps plus ou moins long, suivant la réceptivité du sujet, ses pupilles tournent, se dirigent vers le haut; puis les paupières se ferment et le sommeil arrive. On peut alors commencer les suggestions. Si la fatigue survient avant le sommeil, on peut employer avec succès le procédé suivant : Placer l'index ou le médius sur un des yeux du sujet, en lui recommandant de ne point perdre de vue le bout de ce doigt. Puis on abaisse lentement ce doigt jusqu'à ce que les paupières du sujet se ferment. C'est là un procédé parfois fort rapide.

Ces deux moyens de provoquer l'hypnose gagnent à être accompagnés de suggestions pour la rendre plus rapide. Provoquer l'hypnose est chose facile, mais suggestionner quelqu'un est la tâche la plus difficile de l'hypnotiseur, comme chacun peut s'en rendre compte. La suggestion, c'est le remplacement de la volonté d'une personne par celle d'une autre. Une pensée, conçue dans le cerveau du sujet, est remplacée par une autre, issue dans celui de l'hypnotiseur, de telle manière que le sujet accepte cette pensée comme sienne et s'en sert au même titre. La pensée ainsi implantée dans un cerveau est semblable à un arbre que le jardinier transplante de sa serre en pleine terre, où il pousse par ses propres moyens. Il y a deux espèces de suggestions : l'autosuggestion et la suggestion extérieure, suivant que pénètre, dans le cerveau du sujet, sa volonté propre ou une volonté extérieure. Cette dernière peut avoir lieu à l'insu du sujet et même contre sa volonté.

La suggestion hâte l'hypnose et la complète. On peut suggérer pour cela bien des choses, par exemple :

« Ne pensez qu'à vous endormir.
« Vos jambes deviennent lourdes comme du plomb.
« Vos yeux se fatiguent.
« La fatigue s'étend dans tout votre corps.
« Vous vous sentez exténué.
« Vos yeux commencent à se fermer.
« Vos bras et vos jambes deviennent insensibles.
« Vous voyez tout à travers un brouillard.
« Mais vous me distinguez très nettement.
« Vos yeux se remplissent de larmes.
« Votre pouls est calme, votre respiration régulière.
« Vos yeux se ferment.

« Vous ne pouvez plus les ouvrir.

« Vous n'y arrivez pas, absolument pas.

« Essayez de les ouvrir.

« Impossible.

« Renoncez-y.

« Vous dormez tranquillement et toujours plus profondément. »

Toutes ces formules doivent être prononcées d'une voix basse, mais énergique. Il faut les répéter pour les sujets difficiles à endormir, en passer au contraire pour les autres.

Avant de m'occuper de la question du réveil, je tiens à donner ici ce que j'appellerai les « commandements hypnotiques, » grâce auxquels un profane sait exactement ce qu'il doit faire et ce qu'il doit éviter en la matière. Il ne faut jamais agir à l'encontre de ces prescriptions, de peur de s'exposer à de graves accidents. Celui qui ignore la manière de provoquer l'hypnose et l'art encore plus difficile de réveiller le sujet, doit abandonner ces opérations, pour éviter de jeter par sa maladresse du discrédit sur les sciences occultes.

Les commandements de l'hypnotiseur.

1. N'endors jamais un sujet sans son consentement, ni hors de la présence d'un témoin.

2. Prépare d'avance toutes les suggestions que tu veux lui imposer. Conserve toujours le plus grand calme dans leur exécution.

3. Tu ne pourras hypnotiser quelqu'un sans son consentement que lorsque tu profiteras sur-le-champ d'une *sortie* que te fournira le hasard.

4. Quand le sujet est en état d'hypnose, prends garde à son cœur et à ses poumons. Tiens-toi prêt à agir énergiquement contre des crises d'épilepsie et autres accidents nerveux.

5. Les suggestions que tu pratiques ne doivent pas sortir du domaine de la vie courante du sujet.

6. Les suggestions n'ont aucun effet, ou du moins n'ont qu'un effet très faible, tant que le sujet reste dans l'état dit « somnolent ». Il y a des gens faciles à hypnotiser sur lesquels les suggestions n'ont pas de prise.

7. Les personnes dociles sont faciles à endormir, les volontaires difficiles. Les malades, surtout les névropathes et les hystériques, sont très difficiles à hypnotiser. En pratique, il ne faut jamais compter sur plus de 60 p. 100 de sujets hypnotisables, dont 30 p. 100 seulement atteindront le sommeil profond.

8. Pour rendre le sommeil plus profond, commence par réveiller le sujet par la suggestion, et rendors-le immédiatement ensuite.

9. Ne va jamais trop loin dans tes suggestions, et ne suggère jamais des choses dont tu ne pourrais pas être responsable. L'hypnose criminelle laisse toujours des traces et est toujours découverte.

10. L'influx hypnotique ne laisse aucune trace. Il est inoffensif.

On distingue trois étapes dans le sommeil hypnotique, savoir :

1. La somnolence.
2. La catalepsie.
3. Le somnambulisme.

La première étape, dite aussi sommeil léger, va jusqu'au moment où le sujet ferme les yeux. La deuxième, la catalepsie, jusqu'à la raideur et l'engourdissement des membres. La troisième étape, celle du sommeil profond, est l'état indispensable pour la suggestion. Celle-ci, quelque énergiquement qu'elle soit imposée, n'a que peu d'effet dans les premiers stades de l'hypnose.

On dit toujours que le réveil du sommeil hypnotique offre les plus grandes difficultés. On peut secouer la personne qui dort, lui jeter de l'eau froide au visage, rien n'y fait. Tout au plus s'éveille-t-elle quelques minutes, afin de retomber pour longtemps dans un état léthargique, qui peut durer des journées entières. Si l'on ignore la manière de réveiller le sujet, il vaut mieux le laisser endormi. Le réveil surviendra alors une demi-heure plus tard ou deux heures au plus.

Le réveil.

La manière la plus facile de provoquer le réveil hypnotique est de procéder par les suggestions suivantes :

« Je vais maintenant vous éveiller.
« Vous allez vous sentir tout à fait à votre aise.
« Vous ne ressentirez aucun froid, aucune fatigue.
« Vous irez à vos occupations avec votre ardeur accoutumée.
« Quand j'aurai compté jusqu'à cinq, vous serez réveillé et absolument à votre aise.
« Un !
« Toute fatigue disparaît.
« Deux !
« La respiration est calme, le bien-être et la gaîté vous reviennent.
« Tout ce que vous avez fait pendant votre hypnose s'efface de votre mémoire.
« Vous sentez la conscience vous revenir.
« Trois !
« Quand j'aurai dit cinq, vous serez éveillé.
« Vous vous sentez de nouveau gai et bien portant.
« Quatre !
« Vous ouvrez les yeux. Vous vous sentez fort bien.
« Cinq ! Éveillez-vous !

L'hypnotiseur prononce « quatre » et « cinq » tout contre le creux de l'estomac du sujet : quelques somnambules ne peuvent être éveillés que par ce procédé. J'ai vu un jour un hypnotiseur s'efforçant de faire croire à une dame qu'elle était éveillée, alors que ses yeux se refermaient toujours. L'hypnotiseur ne put réussir à l'éveiller complètement que par ce procédé. On voit que le premier imbécile venu n'est pas capable de réveiller un patient en état d'hypnose, sous peine de commettre des « gaffes » qui rejailliraient sur l'hypnotisme tout entier.

II. LA STATUVOLENCE.

Je considère comme un dérivé de l'hypnotisme cet état que le sujet peut produire en soi-même, par sa propre volonté, et dont il sort avec la plus grande facilité. Il est facile aux somnambules de se mettre en état de statuvolence, grâce à leur réceptivité naturelle. Des personnes destinées à devenir médiums peuvent, de la sorte, contribuer à leur éducation, le procédé est très employé dans certains cercles.

Pour arriver à ce résultat, le sujet s'assied dans un fauteuil, la tête appuyée au dossier, et concentre toute sa force de volonté à s'endormir et à ne penser qu'au ronflement d'un réveil, dont la sonnerie doit être fixée à un quart d'heure d'intervalle pour les débutants, et à quelques minutes seulement pour les sujets exercés. La personne qui veut entrer en statuvolence doit se tenir immobile, en concentrant fortement sa pensée. L'aide d'un assistant ne sera pas inutile quand on se servira d'un réveil à sonnerie prolongée. Au moment où celle-ci se fait entendre, on peut commencer les suggestions, qu'on aura eu soin de préparer d'avance. Il faut que le sujet soit « surpris » afin qu'aucune pensée extérieure ne puisse pénétrer dans son cerveau. Il se réveille d'ailleurs le plus souvent de lui-même.

III. LE MAGNÉTISME.

Le magnétisme embrasse tout un domaine fort riche en enseignements et en résultats. Il faut se mettre en garde contre les sots discours des profanes ou de personnes ignorantes. Leur étonnement se manifeste le plus souvent de la façon suivante : « Vous qui avez la prétention de magnétiser, avez-vous un aimant? » Il faut dire qu'au début du magnétisme, on se servait d'un fer aimanté qu'on promenait sur le cœur et sur l'estomac du sujet. Mais les résultats étaient fort médiocres. Une force inorganique ne se combine point avec une force organique. Tandis que le magnétisme calme les nerfs, par exemple, l'électricité, au contraire, les excite. Lequel des deux remèdes, je vous le demande, semble indiqué dans le cas de faiblesse nerveuse et de neurasthénie?

Tout organisme, fût-ce la plus petite cellule, a comme désir d'éliminer les éléments étrangers et d'absorber les substances qui lui sont nécessaires. Quand un homme manque de force positive, et que ses nerfs ne possèdent que le minimum d'effluves magnétiques, ces organes ont la tendance à s'approprier les éléments qui leur manquent. C'est sur cette loi que repose le magnétisme vital. Nous ne nous occuperons que du magnétisme nécessaire pour former les médiums.

Le sujet doit prendre place le dos au nord et le magnétiseur à sa droite. Le sujet s'appuiera légèrement au dossier de sa chaise; le magnétiseur posera sa main droite sur le front, sa main gauche sur la nuque du sujet, et les y laissera pendant quelques minutes. Le succès de l'opération dépend beaucoup de la concentration énergique de la volonté du magnétiseur. Il faut que cette concentration persiste pendant toute l'opération, et toute conversation doit être alors suspendue. Après quelques minutes, le magnétiseur peut retirer ses mains et les secouer; il ne faut jamais oublier ce détail, car c'est la condition indispensable du succès. Il faut aussi, pour éviter toute chance de contagion, qu'il se les lave soigneusement. On peut alors continuer l'opération, qui offre en somme beaucoup d'analogie avec les procédés de thérapeutique magnétique. L'opérateur, debout devant le sujet, passe doucement sa main gauche sur la droite de celui-ci, et vice versa. Puis il effectue sur lui des passes allant du sommet de la tête à l'épigastre, de l'épigastre aux genoux, et qui se prolongent jusqu'aux pieds. Il est absolument indispensable que ces passes soient toujours faites dans le même sens. Au début, il en faut une vingtaine. Puis leur nombre décroît, et le sujet finit par s'endormir beaucoup plus vite.

Les règles fondamentales du magnétisme sont les suivantes : l'effluve émanant est positif, l'effluve reçu négatif. La partie droite et postérieure du corps est positive, la partie gauche et antérieure est négative. Les passes longitudinales sont calmantes, les passes transversales déprimantes. Les effluves magnétiques ne peuvent guère être synthétisés en règles fixes, car on a à compter non seulement avec la théorie, mais aussi avec la pratique et avec les résultats obtenus. Les sensitifs, ayant des dispositions médiumiques, sont rapidement endormis. Les expériences qui ressortent du domaine du magnétisme échappent totalement aux données du spiritisme pratique. Quelques instants après que le sujet est endormi on approche la bouche de son épigastre et on lui demande s'il désire se réveiller. S'il ne répond pas, on renouvelle la tentative un quart d'heure plus tard, ou bien on le laisse dormir jusqu'à ce qu'il se réveille de lui-même, frais et dispos, deux ou trois heures plus tard. On ne peut essayer la suggestion pendant le sommeil magnétique : les sujets soumis à cet état ne sont pas suggestionnables. Au lieu d'apprendre de nous, ils pourraient alors plutôt nous instruire, parce qu'alors ils possèdent ce que certains professeurs dénomment le sixième sens, à savoir l'extra-lucidité, l'extériorisation, etc., — ce sixième sens que les hommes n'en ayant que cinq — et encore, — traitent de *miracle* ou d'*ânerie*.

Le médium facilement magnétisable est d'un excellent emploi pour la médiumnité. Ce qu'il y a de regrettable, c'est que certains cercles spirites possèdent à la fois plusieurs de ces médiums, tandis que d'autres, qui n'ont que des apprentis médiums dans leur sein, languissent pendant des mois sans réaliser aucun progrès.

Je n'insisterai pas davantage sur les différences existant entre le sommeil hypnotique et le sommeil magnétique. Les vraies expériences, qui amènent de bons résultats, doivent être tentées par des somnambules. La mémoire hyperesthétique, que possède le médium au même titre que tout homme, mais à laquelle prédispose tout spécialement l'état somnambulique, permet de lire la pensée et de répondre avec assurance à des questions lues sans que le spectateur en ait conscience. Si le somnambule est bon médium, il peut faire donner la réponse par manifestation, c'est-à-dire par l'esprit du mort qu'il a à sa disposition, et la lui faire écrire sur des tablettes placées sous enveloppes scellées.

On distingue deux groupes de somnambules : les naturels et les artificiels. Les premiers sont dus à l'influence des rayons de la lune, électropositifs dans leur substance. Ils grimpent facilement sur des toits élevés, passent au travers du feu, gravissent les murailles les plus raides. Tout cela s'explique par la réduction de poids et l'invulnérabilité dont il a été question ci-dessus, au sujet du somnambulisme ou artificiel ou naturel. Les sujets bons somnambules magnétiques sont utilisables pour l'état de transe ou sommeil médianimique. Il suffit d'avertir les membres de la famille des médiums ainsi formés de ne jamais les exposer endormis aux rayons de la pleine lune, afin de prévenir les accès de somnambulisme.

Celui qui dirige la séance est tenu d'exercer un certain contrôle sur les médiums en état de somnambulisme ou de transe, afin de réprimer par un blâme sévère toute tentative de simulation. Le procédé de contrôle le plus sûr qu'on ait à sa disposition est la « paroi magnétique » qu'on appelle aussi, dans certains pays, le lien « magnétique » ou le « charme ». Le magnétiseur trace à l'insu du médium un champ magnétique allant du mur à une chaise, par exemple. Puis, se plaçant de l'autre côté de ce champ par rapport au médium, il lui intime l'ordre de s'approcher de lui. Le simulateur vient sans encombre. Le médium sincère, au contraire, tombe devant le champ ou s'arrête net, disant qu'il a devant lui une barrière, un mur, une tour, etc. Toute personne intelligente dirigeant une séance peut découvrir facilement les supercheries. Il faut même se faire une méthode spéciale à cet effet, à condition toutefois de veiller à ne jamais employer de procédés dont on ne pourrait absolument répondre.

TABLEAU D'ENSEMBLE DES DIFFÉRENTS PHÉNOMÈNES MÉDIUMIQUES.

Les phénomènes qui font intervenir les aérosômes ne sont, la plupart du temps, visibles que pour le médium seul. Il est tout à fait rare que les corps astraux se manifestent d'eux-mêmes : tout cela dépend de la chance qu'a eue le cercle dans le choix de son médium. Les aérosômes qui se manifestent à l'aide du médium, ou plutôt par lui, lui mettent soit leurs pensées, leurs paroles, leur langage dans la bouche, soit leur écriture dans la main, mais le laissent parler et écrire ; ce qu'on peut exprimer de la façon suivante : Les aérosômes dictent au médium leur pensée, qu'il répète verbalement ou par écrit. Dans cet ordre d'idées, on distingue les médiums à inspiration, par opposition aux médiums à incarnation, qui ne conservent pas la moindre souvenance de ce qu'ils ont dit ou écrit. Les aérosômes parlent leur propre langue, par l'intermédiaire du médium, ou guident sa main inconsciente lorsqu'il écrit.

On a classifié les phénomènes, et du tableau général ainsi formé, nous extrayons l'essentiel, afin d'éviter aux débutants des erreurs grossières et faciles à commettre.

Tableau.

I. Médium produisant :
   1. les coups frappés ;
   2. les déplacements des objets ;
   3. les apports.

II. Médium parlant :
   1. sa langue maternelle ;
      a) le français ;
      b) les patois ;

2. les langues étrangères,
   - *a)* qu'il connaît ;
   - *b)* qu'il ignore.
     - α Il répète les paroles de l'aérosôme ;
     - β Il les paraphrase.

III. Médium écrivain :

1. écrivant de sa propre écriture ;
   - *a)* sous l'inspiration de l'aérosôme ;
   - *b)* l'aérosôme écrit sous l'écriture du médium (incarnation).
2. Médium écrivant en caractères :
   - *a)* qu'on reconnaît pour être ceux du défunt ;
   - *b)* non reconnaissables, mais caractéristiques.
3. Médium écrivant :
   - *a)* en français ;
   - *b)* dans une autre langue,
     - α qu'il parle ;
     - β qu'il ignore ;
   - *c)* avec des caractères étrangers,
     - α occidentaux ;
     - β orientaux.

IV. Médium chanteur :

1. Le médium sait chanter.
2. Il n'a jamais appris.
   - *a)* Il chante des airs connus.
   - *b)* Il chante des airs étrangers,
     - α sur un seul ton ;
     - β sur plusieurs tons.

V. Médium musicien :

1. Il possède les instruments dont il joue ;

2. Il les ignore ;
    a) il joue un morceau français ;
    b) il joue de la musique étrangère :
        α en touchant l'instrument ;
        β sans le toucher.

VI. Médium dessinateur et peintre (voir annexe) :
    1. Il sait dessiner et peindre ;
    2. il ignore ces arts ;
        a) les œuvres qu'il obtient sont connues ;
        b) elles sont inconnues :
            α du médium ;
            β de tout le monde.

VII. Médium thérapeutiste :
    1. il fait le diagnostic ;
    2. il connaît le remède et indique aussi les prodromes.

A cette dernière catégorie n'appartiennent que les bons somnambules. Inutile d'essayer avec les autres.

Il faut encore distinguer les médiums prophétisant (plus ou moins longtemps d'avance) les médiums voyants, auditifs, les pneumatographes (ceux qui reçoivent et reproduisent des écritures contre leur volonté) et d'autres encore.

PRATIQUES DU SPIRITISME

Dans le spiritisme pratique, la table joue un grand rôle. Nous en avons déjà parlé plus d'une fois. Cette table doit avoir quatre pieds et n'être ni lourde ni massive, afin de pouvoir facilement se déplacer. Les expérimentateurs s'asseyent autour, y posent leurs mains, la main droite de chacun posée sur la main gauche de son voisin, de façon à former une chaîne.

Dans de pareilles expériences, il faut craindre l'excès de zèle, qui provient toujours des amis les plus sûrs. Si quelqu'un, même par

inadvertance, touche la table, aussitôt il veut avoir senti un courant d'air, un tressaillement dans les doigts, et avoir vu un aérosôme : rien n'est plus difficile alors que de le détromper. Pour éviter de pareilles méprises, on oblige chacun à tenir une boule, grosse comme la moitié du poing, dans la main gauche, sur laquelle se pose la main droite du voisin. Un coup frappé avec cet instrument est trop violent pour être confondu avec ceux que frappe l'aérosôme. Il faut en un mot prévenir toute espèce de supercherie. Dès que l'esprit a frappé, les expérimentateurs peuvent commencer leurs questions, qui doivent avoir lieu d'un ton suppliant. J'en note quelques-unes ci-après, que la personne qui guide la séance peut à son gré changer et amplifier.

I. Par rapport à l'aérosôme.

Y a-t-il quelqu'un ici ?
Êtes-vous plusieurs ?
Ah ! vous êtes seul ?
Avez-vous un nom ?
Est-ce X ou Y ?
Notre séance est-elle régulière ?
Non ? En quoi donc ?
Vous devez le savoir ?
Pourquoi faut-il qu'il sorte ?
Ne peut-il rester dans cette chambre ?
La chaîne a-t-elle besoin d'être renforcée ?
Ne sommes-nous pas trop dans le cercle ?
Qui doit s'en aller ?
Que nous proposez-vous comme sujet de conversation ?
Ne vous montrerez-vous pas une fois ?
Non ? Pourquoi donc pas ?
Frappez donc ?
Vous ne pouvez sans doute pas ?
Est-ce la force qui vous manque ? etc.

II. Au somnambule, pour autant qu'on ne peut se servir des questions ci-dessus.

Que savez-vous de neuf ?
Quel est l'âge de cette dame ?
Se mariera-t-elle ?
Non, mais elle ne demanderait pas mieux ?
Sera-t-elle heureuse en ménage ?
Dans combien de temps la noce ?
Serez-vous des nôtres ?
Qu'aura-t-elle comme robe ?
C'est tout ? Rien de plus ?
Savez-vous compter ?
Je croyais que vous ne comptiez que jusqu'à 7 ?
Mais vous comptez très bien !
Ce monsieur-là est-il Israélite ?
Quel est son âge ?
Demeure-t-il à Paris ?
Ces deux jeunes gens sont-ils fiancés ?
Ce monsieur a-t-il un béguin ?
Pourquoi ne voulez-vous pas le dire ?
C'est un veuf ? Comment s'appelle-t-elle ?
Fera-t-il un beau mariage ?
Quand ça ?
Il faut encore qu'il attende si longtemps ?
Sera-t-il heureux ?
L'argent ne lui fera-t-il pas défaut ?
Fera-t-il faillite ?
Quelle réputation a la troisième dame à droite ?
Que se passe-t-il dans la pièce à côté ?
Je vous y accompagne, si vous voulez !
Parlez plus clairement.
A quoi pensent presque constamment Mlle X. et M. Y ?

Le guide de la séance doit être rompu à ces conversations. Un peu d'humour ne messied pas, au contraire, quand il ne s'agit que de phénomènes médiumiques et quand le médium est bon somnambule. On entretient de la sorte la conversation, qui peut n'avoir pas toujours l'allure scientifique.

Les corps astraux ont des procédés de manifestation qui surprennent parfois notre grossier entendement. On a essayé de grouper ces procédés et on est arrivé aux trois classes suivantes :

1° Séances de communication.
2° Séances à effets physiques.
3° Séances de matérialisation.

Par séances de communication, on entend celles où les corps astraux se manifestent par des coups frappés, par écriture ou par la parole du médium. Les séances à effets physiques sont celles où le monde invisible se révèle par l'activité des objets inanimés. Enfin par la matérialisation, les corps astraux frappent nos sens grossiers, en particulier notre vue et notre ouïe. Nous allons successivement passer en revue ces différentes manifestations et leurs dérivés.

I. SÉANCES DE COMMUNICATION.

L'art de faire tourner les tables, dont nous avons parlé plus haut, appartient à cette catégorie. Les coups frappés reçus par la table, peuvent aussi bien l'être par une horloge, une fenêtre ou un miroir. On peut aussi obliger les corps astraux à frapper contre un verre placé sur une table voisine.

On emploie les coups frappés pour établir un alphabet avec les esprits. On convient par exemple, qu'un coup signifie la négation, deux coups le doute et trois coups l'affirmation. Ce procédé ne laisse pas que d'être fort exact. On peut aussi employer celui des caractères isolés. On inscrit sur une feuille de papier en grosses lettres tout l'alphabet ou les dix chiffres, et on parcourt lentement l'une de ces deux séries. L'aérosôme annonce par un coup frappé le caractère ou le chiffre qu'il a choisi. Cette opération porte le nom de typtologie, tandis que l'interrogation de l'aérosôme s'appelle la télégraphie spiritiste. La typtologie, bien que simple, est moins employée. Une intéressante modification consiste à placer les caractères de l'alphabet dans un sac analogue à celui du jeu de loto, on le tient derrière le dos, on en tire successivement les caractères et on les montre à l'aérosôme. Celui-ci manifeste sa volonté par un coup frappé. Il est bon, quand on veut poursuivre l'expérience pendant assez longtemps, d'avoir à sa disposition plusieurs alphabets, pour ne pas manquer de matériel.

Les manifestations des corps astraux par l'écriture appartiennent à cette catégorie. La planchette décrite ci-dessus est surtout à employer pour ces expériences. On commence par s'assurer, par des questions convenables, que le médium est disposé à écrire, en admettant que les mouvements de sa main ne l'indiquent pas suffisamment. Il faut alors placer sous sa main droite une feuille de papier, et lui donner à tenir un crayon dans la position verticale. Cette main commence alors à parcourir le papier, sur lequel elle trace des signes qui ressemblent plutôt à des hiéroglyphes qu'à des caractères latins.

Dans les premières séances, les dessins ainsi produits ne ressemblent pas à grand'chose. Mais bientôt les traits se raffermissent et des caractères apparaissent nettement. On y reconnaît souvent l'écriture d'un mort avec lequel le guide de la séance a été en relations. Certains expérimentateurs recommandent de placer celle des mains du médium qui tient le crayon dans une sorte d'écharpe fixée au plafond ou à un chevalet fabriqué à cet effet. L'écriture a l'avantage de faire connaître le caractère de l'aérosôme, pour peu qu'on soit graphologue.

Si ce procédé n'amène aucun résultat, on peut se servir du scriptoscope d'Arnold, vendu 7 fr. 5o. Cet appareil permet d'entrer en communication avec les corps astraux, même sans médium

4

ou avec un médium très faible. Les communications sont facilitées par ce fait que les caractères sont assemblés.

Une expérience difficile consiste dans l'écriture sur tablettes fermées. Deux ardoises de même dimension sont disposées l'une sur l'autre avec, sur l'ardoise inférieure, un crayon spécial, de matière fort tendre, et long d'un centimètre. On place cet assemblage dans la main gauche du médium, on met dessus sa main droite, et tous les membres de la chaîne posent leurs mains sur les bords de la table, pour éviter toute supercherie. On prie alors les corps astraux présents de se manifester par quelques lignes. Après quelques instants de silence, on entend le crayon grincer sur l'ardoise, et un coup frappé annonce la fin de l'expérience. Ceci est une preuve de la transmatérialisation des corps astraux. Il est des cercles où l'on a l'habitude de sceller les ardoises l'une contre l'autre avec de la cire. Les gens qui ont assisté à l'expérience faite dans ces conditions doivent être convaincus, ou alors croire à une supercherie fort habile.

A cette catégorie appartiennent également les manifestations des corps astraux par la parole. Ils utilisent pour cela la bouche du médium, qui agit alors par inspiration ou par incarnation. Il faut s'assurer, dans cette expérience, si l'on a affaire au corps d'un esprit ou à l'aérosôme du médium. A la première séance, la voix est très faible, pour devenir tonitruante si l'on prie l'aérosôme de parler plus fort.

Une chambre obscure est favorable aux séances spirites, mais on peut fort bien habituer les corps astraux à la lumière, par augmentation progressive de l'éclairage. Ceci est surtout exact pour les phénomènes physiques et de matérialisation. Et même, pour obtenir une manifestation des astraux par l'écriture ou la bouche du médium, l'obscurité est absolument inutile.

II. SÉANCES A EFFETS PHYSIQUES.

« Il y a des revenants » telle est la caractéristique de certaines séances. Il arrive fréquemment à des curieux, assistant à des séances, d'avoir les oreilles tirées, le dos frappé rudement, les joues pincées par les esprits. J'ai assisté à une séance au cours de laquelle une carafe, placée sur une table en dehors du cercle, fut jetée à terre et brisée. L'esprit refusa du reste — naturellement! — de payer les 7 fr. 50 que valait cette carafe, et quant à trouver un juge de paix astral....

Il arrive souvent que se manifestent dans les cercles spirites de mauvais esprits qui semblent réellement animés d'une puissance démoniaque. De vieux spirites m'ont dit que rien ne leur plaisait autant que certaines séances à effets physiques où tout était mis sens dessus dessous. Malheureusement, on a le plus souvent affaire à des esprits « convenables », qui se manifestent par des mouvements doux et des actions passagères. On peut varier à l'infini ces expériences, qui sont pour l'intelligence des guides de séance un excellent entraînement à des phénomènes plus intéressants. On tirera d'abord du magasin des accessoires tous les objets nécessaires, à savoir : des sphères, des dés, des disques de phosphore, des sonnettes, le verre à pied, les allumettes, les liens, etc. Ces ustensiles sont nécessaires pour les expériences ci-après.

Le moyen le plus facile et le plus pratique pour l'aérosôme de signaler sa présence est de faire rouler des boules ou des objets ronds tels que bouteilles, pelotes de fil, etc. On place, par exemple, une boule sur une table, qu'on a divisée en six parties égales au crayon bleu, et on prie l'esprit d'envoyer la boule dans l'une des cases désignée à haute voix. Cette expérience réussit toujours, pour peu que l'esprit ait la force de se matérialiser. Le guide de séance peut aussi prier l'esprit d'agiter des dés à jouer, de les lancer, de les placer à sa fantaisie. Une autre expérience se fait au moyen d'une sonnette semblable à celles qu'on trouve dans tous les bazars. On la place sur la table principale, et sur une autre table le verre à pied avec son frappeur précédemment décrit. On prie alors l'esprit de frapper le verre et de sonner, et si la distance entre le verre et la sonnette n'est pas trop grande, les deux sons se produisent simultanément. On peut continuer en se servant de phosphore. On prend un carton rond que l'on noircit d'un côté; de l'autre on l'enduit d'une couche phosphorescente qu'on a soin de placer en dessous. Puis on le tourne et on prie l'esprit d'y poser le doigt, afin de se convaincre si son incarnation est suffisante pour être saisie par nos yeux. On se sert également de ce disque phosphorescent bien enduit de phosphore, pour projeter brusquement sa lueur sur l'endroit où l'on suppose que se trouve l'esprit. La lueur du phosphore est plus commode encore que celle d'une lampe pour découvrir des êtres surnaturels. On peut aussi se servir d'allumettes bougies, mais celles-ci sont presque toujours consumées avant que l'esprit ait le temps de se matérialiser.

Ces expériences-là sont à la portée de tout le monde. Je vais en décrire deux qui sont loin d'être aussi faciles. On étend sur le sol un ruban long d'un mètre, on en scelle les extrémités et on prie l'esprit d'y faire des nœuds. Il y parvient parfois, bien entendu sans défaire les extrémités. L'expérience des deux anneaux de laiton est encore plus intéressante. Ils sont soigneusement soudés de façon à ne présenter aucune fissure. L'esprit, sollicité, arrive parfois à faire entrer l'un dans l'autre, lors même que la soudure est imperceptible à l'œil. Un spirite célèbre rapporte que pendant une expérience analogue, une odeur caractéristique se produisit, et qu'ensuite, on trouva sur l'un des anneaux l'endroit d'une soudure récente. Hans Arnold, dans son livre l'*Adepte*, raconte l'histoire d'un Hindou qui tomba en transe, détacha le bracelet du bras d'une dame de Berlin, l'emporta dans les Indes orientales et le déposa aux pieds d'un certain Max Sall, qui plus tard le rapporta à la dame. Ces phénomènes d'incarnation sont du ressort des corps astraux qui rapportent soit dans la même séance, soit dans une séance suivante, des objets qu'ils ont matérialisés.

La meilleure réclame en faveur du spiritisme, ce sont les déclarations spontanées de sceptiques en la matière, qui tentent d'expliquer des possibilités éventuelles par les théories les plus invraisemblables.

Ecoutez le récit suivant, dû à une personnalité des plus estimables :

« Revenant de Capri, j'étais débarqué à Amalfi avec un ami. Nous étions descendus dans un ancien couvent, devenu l'auberge de la *Luna*. La pièce qu'on nous destina était une ancienne cellule, donnant d'un côté sur un corridor, de l'autre sur une loggia au sixième étage. Cette loggia était séparée de notre chambre par une porte que nous laissâmes ouverte, tandis que nous avions fermé celle du vestibule. Nous ne tardâmes pas à nous endormir profondément. Je rêvai que je circulais dans le port d'Amalfi. Un gamin, comme on en rencontre à chaque pas dans cet endroit, m'aborda pour me demander : — Es-tu catholique ou protestant ?

— Protestant, lui répondis-je.

— Il faut que je te dise quelque chose, reprit le gamin. Il y a à Amalfi un fantôme qui s'appelle anima pia (l'âme pieuse). Il court après les hérétiques pour les convertir. Il viendra te chercher, parce que tu es un hérétique. Là-dessus je m'éveillai. Quel songe étrange ! La loggia était éclairée en plein par la lune, qui pénétrait dans la chambre par la porte ouverte. Soudain je vis apparaître une femme habillée à la mode des femmes d'Amalfi, si bien que, loin de penser à un fantôme, je me demandai comment elle avait pu pénétrer là, malgré la porte fermée et les six étages. A ce moment elle traversa le seuil et s'approcha de moi :

— Que voulez-vous ? lui demandai-je. — Jo sono l'anima pia, me répond-elle avec calme.

Et elle s'avance à pas lents et mesurés. Je me soulève et lui crie :

— Si tu n'es point un esprit, donne-moi la main. Alors elle vient tout près de mon lit et me tend la main.

J'éprouvai la même sensation que lorsqu'on touche de l'eau tiède. Et une profonde terreur m'envahit. Je passai ma main sur mon visage.... Quand je la retirai tout avait disparu. Je sautai de mon lit et j'allai éveiller mon ami, qui n'avait rien vu ni rien entendu. Nous visitâmes tout l'appartement, de même que la loggia, sans rien trouver. La porte sur le vestibule était fermée comme auparavant. — Il arrive souvent, remarqua mon ami, qu'on continue son rêve tout éveillé.

Nous nous recouchâmes et la nuit se passa sans encombre. Au matin, m'adressant à l'aubergiste, je lui demandai : — Y a-t-il des légendes à Amalfi ? Y a-t-il ici un spirito ? — Si, signore, me répondit-il, nous avons un spirito, c'est l'anima pia. — Et que raconte-t-on d'elle ? — Elle poursuit les hérétiques pour les convertir, mais personne ne l'a encore vue.

Jamais nous n'avions été à Amalfi, mon ami et moi. Nous n'avions entendu parler de ce fait par personne, nous n'en avions eu aucune connaissance. Avant d'aller nous coucher, nous nous étions entretenus de l'abolition de la peine de mort, car l'aubergiste nous avait raconté qu'un brigand allait être exécuté. Mais, je le répète, jamais je n'avais entendu parler de l'anima pia d'Amalfi.

J'ai beaucoup réfléchi depuis à cette étrange apparition. Quelle peut être la clef de l'énigme ? Peut-être que mon aspect visiblement étranger avait dû frapper un des petits garçons qui sur la grève d'Amalfi offrent leurs services aux forestieri, et qu'il avait pensé *avec intensité* : « Encore un de ces « eretico tedesco » l'anima pia devrait bien le visiter pour le convertir. » Et ce rapport spiritiste aurait déterminé l'anima pia à venir me voir.

Il faut ajouter que le héros de cette histoire avait certainement entendu parler déjà de l'anima pia, mais l'avait totalement oubliée. Pendant le sommeil, le souvenir revient à l'état de rêve, c'est là une explication... Une autre, plus claire et plus exacte pour les principes spiritistes est fournie selon la doctrine néo-platonicienne. De pareils phénomènes, généralement attribués au rêve ou tenus pour des illusions, sont rapportés en grand nombre, aussi bien par des personnes qui par leur rang et leur situation nous semblent plus dignes de foi que par de simples ouvriers.

III. SÉANCES DE MATÉRIALISATION.

Dans les chapitres précédents, nous avons parlé de matérialisation : mais l'expression était entendue dans le sens général de révélation d'un esprit, en supposant que ceux-ci possèdent la matière nécessaire à opérer la transformation de leur corps. Celle-ci résulte d'une condensation de la masse odique dont, comme on l'a vu, se compose le corps astral, produite par la masse identique qui émane du médium d'abord, du cercle tout entier ensuite. Dans les séances de matérialisation, l'esprit peut se condenser au point de devenir perceptible par nos sens. Ces séances sont donc, en somme, des réunions dans lesquelles, grâce aux effluves du corps astral présent, il devient visible ou sensible pour nous.

De pareilles expériences ne réussissent que rarement, car la révélation des esprits à nos sens exige une force odique importante. Généralement ils ne se matérialisent qu'en partie, et seuls apparaissent leurs mains, leurs pieds, leur visage ou leur poitrine. La lumière et même l'examen prolongé des esprits matérialisés amène leur dématérialisation, leur diffluence. Il est donc recommandé de ne travailler alors que dans l'obscurité. Comme on l'a vu au précédent chapitre, les corps astraux produisent une lueur violette plus ou moins prononcée et leur opacité varie dans de grandes limites. Ce qu'il y a de remarquable, c'est leur costume, révélé au même titre que le corps par les effluves astraux. A vrai dire, la masse vaporeuse laisse plutôt deviner un accoutrement — suaire, ou habit de noce, ou costume ancien — composé d'un ample manteau de mousseline, dont la forme étrange se perd dans l'obscurité ou la clarté diffuse de la pièce. Ce qu'il y a de certain, c'est que jamais spirite n'a vu de corps astral dans le costume d'Adam. Il ne manque non plus jamais aux aérosômes les membres qui leur ont été amputés de leur vivant.

Giordano Bruno, auquel nulle région du vaste domaine spiritiste n'était étrangère, et dont les doctrines furent poursuivies, longtemps avant l'érection de son monument, et aujourd'hui encore, avec une rage caractéristique, traite d'ânes les matérialistes.

EXPLICATIONS DES EMPREINTES, FORMES ET PHOTOGRAPHIES DE CORPS ASTRAUX.

Le remarquable compilateur que fut Aksakow a réuni dans son ouvrage *Animisme et Spiritisme*, une foule de documents venus de toutes parts. Il y a joint ses expériences personnelles, ainsi que les épreuves photographiques des phénomènes de matérialisation.

Les spirites attachent une grande importance à l'apparition des empreintes, en particulier sur le plâtre. Une plaque photographique prise dans l'obscurité ne présente que les contours du médium et de l'expérimentateur qui guide la séance, et développée sous un contrôle sévère, elle ne donne à part cela, le plus souvent, qu'une raie lumineuse, mais aussi parfois, les traits précis et la forme exacte du corps astral. C'est un document précieux comme preuve de l'existence des corps astraux dans l'éther universel.

Pour la facilité de l'exposition, on peut admettre trois modes de reproduction : les simples empreintes d'abord, les empreintes par fusion ensuite, et enfin la plaque photographique.

I. EMPREINTES.

On entend par là la forme d'un pied, d'une main, etc., sur un objet spécialement préparé. Certain cercle a obtenu l'empreinte d'une oreille et d'une portion de joue sur un bloc d'argile. On peut procéder de deux manières différentes :

On fait noircir au-dessus d'une lampe une feuille de papier fort, qu'on place devant le médium. On prie alors l'esprit de se manifester sur cette feuille de papier.

Il faut autant que possible que les yeux du guide de séance se tournent d'un autre côté, pour empêcher toute dématérialisation. C'est généralement une empreinte de pied qui se produit, annoncée par un coup frappé sur la table, sur la montre ou sur tout autre objet. L'empreinte est fort nette, absolument visible et aussi profonde que celle du pied d'un homme. On la fixe au moyen d'un siccatif quelconque.

On obtient d'autres empreintes sur du plâtre ou de l'argile, préparés en blocs assez durs sur une planchette de bois ou un morceau de carton. Le plâtre doit être un peu chaud. Il est mauvais de se servir de paraffine ou de cire, car alors les empreintes seraient moins nettes.

II. FORMES ET MOULES.

Les moules qu'on obtient des pieds et des mains de formes matérialisées sont la meilleure preuve de la réalité des fantômes spirites. C'est à ce point que quelques savants ne veulent pas admettre qu'il n'y ait pas là-dessous quelque supercherie, que les extrémités ainsi obtenues ne soient point celles du médium ou d'un compère.

D'autres vont même jusqu'à prétendre que ces empreintes sont dues à un travail allotropique de la cire ou du plâtre. Ce sont là les absurdités auxquelles il ne convient pas de nous arrêter.

Pour en revenir à l'apparition des formes, on peut procéder de la façon suivante : Deux récipients remplis l'un d'eau chaude, d'autre d'eau froide, sont placés sous la table. Dans celui d'eau chaude trempe de la paraffine ou de la cire fondue. Les corps astraux y plongent leurs mains et vont les rafraîchir, couvertes de paraffine, dans le seau d'eau froide. Cette opération a pour résultat de dématérialiser les extrémités. On a ainsi un moule où l'on peut couler du plâtre, et on se débarrasse de la paraffine avec de l'eau chaude. Les formes ainsi obtenues ne permettent point le soupçon de supercherie. Les articulations sont plus frêles que celles d'un homme. La forme est obtenue sans couture, donc les moules n'ont point été coupés suivant le procédé habituel, pour pouvoir retirer la main, puis assemblés. Quant à les croire imités de la nature, il n'est pas d'artiste capable d'obtenir pareille finesse.

III. PHOTOGRAPHIE.

C'est la troisième méthode de reproduction des corps astraux. Il n'est pas nécessaire que les expérimentateurs les aient vus, car la plaque photographique possède une sensibilité bien supérieure à la rétine de notre œil. On peut obtenir de bons résultats, car les fluorescences violettes que produisent les esprits impressionnent admirablement la plaque sensible. Quelques spirites préconisent l'emploi de la lumière de magnésium pendant le temps de la pose.

Les plaques pour la photographie des esprits doivent être d'une sensibilité parfaite. Dans une séance, sur une douzaine, on peut en réussir une, tandis que les onze autres ne donnent absolument rien. Éviter, comme opérateur, les débutants, toujours fort convaincus de leur habileté, et qui attribuent aux corps astraux les insuccès de leurs méthodes.

Il y a deux catégories d'expériences, suivant qu'on veut prendre le médium et l'aérosôme à la fois, ou l'aérosôme seul. Dans le second cas, on s'installe sur une porte qu'on aura eu soin de garnir d'un voile de couleur sombre. Il faut absolument empêcher les assistants de fixer l'objet. L'expérimentateur ne saurait assez répéter que l'influx magnétique du corps humain dissipe les corps astraux.

Quand on s'est installé de la sorte, on fait la nuit dans la pièce, et si aucun assistant ne sait faire fonctionner l'appareil, on ouvre l'objectif. Le cercle est formé et on prie l'esprit de prendre la pose. Le temps de pose est fixé par l'esprit lui-même au moyen de coups frappés. Dans le cas contraire, on fixe au jugé le temps au bout duquel la plaque sera suffisamment impressionnée. Celui qui n'a ni argent ni patience doit s'abstenir, car le résultat ne peut être obtenu qu'à grand'peine, en usant des douzaines et des douzaines de plaques. Mais les résultats sont encore plus rémunérateurs que ceux de la photographie ordinaire pratiquée par un bon amateur, sans compter qu'un premier essai peut aussi être le bon.

Il y a deux sortes d'épreuves : les épreuves spiritistes et les épreuves médiumiques. Les premières peuvent être prises sans l'intervention du médium, dans l'encadrement d'une porte. Pour les autres, le médium doit intervenir.

La photographie des esprits est l'une des expériences les plus difficiles à réussir, et beaucoup d'auteurs d'œuvres spirites n'ont jamais vu ni surtout pu obtenir de bonnes épreuves, je veux parler d'épreuves de corps, de mains ou de pieds, et pas seulement de ces traînées lumineuses qu'on trouve souvent sur la plaque.

Si l'on a un bon médium à sa disposition, qu'on tâche d'obtenir à la lumière solaire des épreuves du médium dans le cercle. On peut éventuellement laisser une de ses mains ou les deux sur la chambre photographique, pendant qu'on photographie un autre membre du cercle.

Quant aux épreuves de corps matérialisés, on ne peut les prendre qu'au magnésium.

Fig. 1. — Expérience de l'ingénieur Donald Mac-Aba.
Le médium étant en état léthargique, un ancien tableau de Raphaël, qu'il avait vu avant de s'endormir, sort de son périsprit.

Fig. 2. — Expérience du Dr James Tissot.
Reproduction de la photographie d'une apparition médiumique.

1. Le médium couché en état léthargique.
2. Le double du médium (corps astral ou périsprit).
3. Entre le corps astral du médium et le peintre (Dr Tissot), l'esprit matérialisé.
4. Le Dr Tissot lui-même.

Fig. 3.

Expérience du Dr Alexandre d'Aksakow, conseiller d'État russe.

Reproduction d'une photo prise au magnésium, représentant le médium Eglinton en état de transe et un esprit matérialisé.

Le médium est soutenu par un esprit (Hindou) qui s'est matérialisé pendant la séance.

Fig. 4.

Le conseiller d'État russe Aksakow, déjà cité, se rendit à Londres au printemps de l'année 1886; la série d'expériences qu'il y fit avec le médium Eglinton donnèrent les meilleurs résultats. Le cercle se composait de cinq personnes: le maître de la maison, sa femme, un ami, le médium et Aksakow, qui se servait d'un appareil photographique qu'il avait chargé lui-même avec des plaques de sa fabrication, ce qui écarte toute idée de supercherie. Après quelques séances sans résultat, le médium tomba en transe un après-midi et commença à respirer difficilement, ce qui indique ordinairement un résultat. Peu après, une lueur étrange projetant des rayons passa au travers des rideaux d'une fenêtre, à 5 ou 6 pieds du sol. Une main dont les doigts remuaient parut en sortir. C'est ce que représente le cliché ci-dessus.

Fig. 5.

La gravure ci-dessus est fort intéressante. Eglinton, à l'état de veille, présente en pleine lumière le buste renversé de l'Hindou déjà mentionné.

Fig. 6.

Expérience du Prof. D' William Crookes.

Reproduction d'une photo de Katie King et de W. Crookes.
L'esprit de Katie King au bras de W. Crookes.

Fig. 7. — Expérience du Prof. Dr William Crookes.

Katie King et Mlle F. Cook.
L'esprit matérialisé de Katie King à côté du médium : Mlle F. Cook.

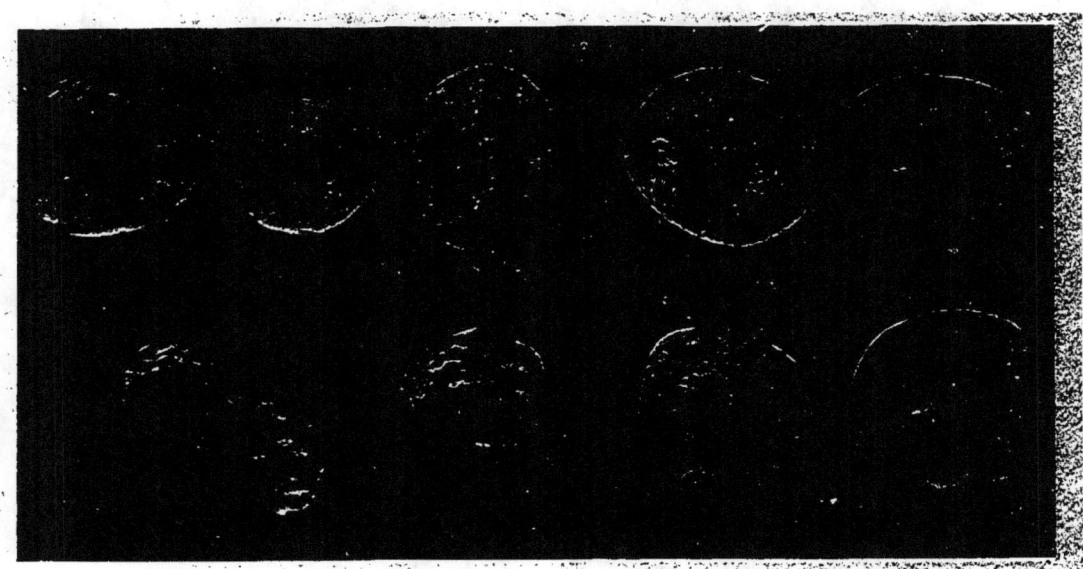

Fig. 8. — Expérience du chevalier Ercole Chiaja (Empreintes du visage d'une forme matérialisée).

Ces empreintes ont été obtenues par le médium Eusapia Paladino, en présence de MM. le D' de Amicis, professeur à l'université de Naples ; le duc de Noja ; le sénateur prince de Moliterno ; Verdinois, journaliste ; le D' Capuana ; le comte Amman ; Renda, sculpteur, etc... Ils affirment que ce sont le visage et les mains d'un esprit, qui se présente sous le nom de « John King ».

Fig. 9

Expérience du capitaine Ernesto Volpi.

Reproduction d'une photo normale et anormale.
Apparition du corps fluidique d'une dame vivante à côté du capitaine Volpi.

Fig. 10. — Expérience du colonel Albert de Rochas.

Apparition d'un visage fluidique en présence du médium Eusapia Paladino.

En septembre 1895 se réunit dans la propriété d'Agnélas, appartenant au colonel de Rochas, une commission ayant pour but d'étudier les phénomènes psychiques dus au médium Eusapia Paladino. Cette commission était composée de MM. le Dr Dariex, le Dr de Gramont, Maxwell, procureur, le Prof. Sabatier, le Dr de Watteville, le colonel de Rochas.

Cette photo fut prise le 28 septembre par le Dr de Watteville. Au moment de l'opération, celui-ci dit au Dr Dariex qu'il ressemblait à Napoléon avec sa main dans sa poche. A gauche, au-dessus du médium, se dessina un profil fluidique ressemblant à Napoléon Ier.

Fig. 11.

Cliché d'une apparition spontanée, invisible à l'œil nu, visible sur la plaque photographique.

1. Comte Boullet. 2. Comte de Lwoff, président de la Cour d'appel à Moscou. 3. Apparition de la sœur du comte, morte à Moscou. L'esprit tient à la main une feuille de papier sur laquelle est écrite une phrase. La comtesse y exprime en ces termes sa joie de revoir son frère à Paris : « Cher frère, je suis très heureuse que tu aies entrepris ce voyage : je veillerai sur ton esprit et sur ton corps. »

Fig. 12.

Photo prise dans les mêmes conditions.

Une veuve, Mme N. (1) se fit photographier à Boston, par Mumler. En développant la plaque, celui-ci aperçut derrière la veuve, l'esprit de sa fille, morte récemment (2) dans les vêtements mêmes qu'elle avait sur son lit de mort. La couronne (3) est la reproduction exacte de celle que sa mère lui avait mise dans les mains. Enfin la plaque donne aussi la photo du mari de la jeune femme, mort également (4).

Fig. 13.

Cliché d'une matérialisation d'esprit.

(Cliché du Dr G.-B. Encausse, Paris.)

Le corps astral ou périsprit (le fantôme du cliché), se condense en une forme très saisissable.

Fig. 14.

Photo d'un esprit matérialisé visible pour tous les expérimentateurs.
Cliché Aksakow. Médium, Eglinton. Plaque prise dans l'obscurité complète.

Fig. 15.

Les fantômes possèdent parfois un pouvoir éclairant, et produisent des lueurs parfaitement visibles pour tous. Il arrive aussi qu'ils tiennent à la main des corps éclairants, ou enfin qu'ils utilisent pour se révéler les objets brillants que les spirites ne doivent pas oublier de préparer avant la séance.

Notre gravure représente une tête éclairée faiblement par une plaque lumineuse que le fantôme tient à la main.

Fig. 16.

Cliché obtenu par le médium S. W. Fallis à Chicago, à qui le soussigné avait envoyé sa photographie et une mèche de ses cheveux.
La figure du milieu représente le soussigné. Les autres sont :
À droite et à gauche du portrait :
La duchesse d'Alençon, sœur de l'Impératrice d'Autriche, morte au bazar de la Charité, à Paris. La grande-duchesse Alice de Hesse, mère de la tzarine. Gladstone. Ma nièce.
Au-dessous :
Général Grant. — Anna Hansmann, une de mes nièces. — Le Président Mac Kinley. — Mrs A., la femme d'un de mes amis, de son vivant ennemie du spiritisme.
Au-dessus :
Dante. — Ma cousine. — Prof. Léopold R. Meyer, musicien illustre. — Le chef indien, Nuage Rouge. — Charlotte Cushmann, actrice célèbre.

D' Théo Hansmann.

(Extrait de « Wahres Leben » journal spiritiste de Leipzig.)

Fig. 17.
Dessins médiumiques de Mme Assmann-Hall, médium-peintre.

M. W. Assmann nous raconte ce qui suit : « Ma femme est une bonne ménagère, en bonne santé et occupée toute la journée aux soins de son ménage. Elle n'a jamais appris à peindre ni à dessiner, et ne s'était jamais livrée à ce passe-temps. Le 3 août 1904, je cédai à ses sollicitations, et lui procurai des crayons de couleur et du papier.

Elle dessine toujours de nuit. Le bruit semble l'en empêcher. Elle s'éveille après quelques heures de sommeil au son d'une musique divine, qu'elle entend seule, et qui la transporte. L'attirail de dessin, préparé d'avance, lui inspire un véritable « trac ». Elle a peur de ce qui va arriver.

Elle s'installe, prend un crayon au hasard, et sa main reste immobile sur le coin gauche de la feuille. Soudain le trac disparaît. La main obéit aux injonctions du « peintre invisible ». Elle commence par tracer un cadre rectangulaire, partagé en deux parties par un trait fort.

Puis la peinture proprement dite commence. Ce sont des fleurs et des feuilles si harmonieusement dessinées et si pittoresquement coloriées, que non seulement les amateurs, mais encore les peintres de profession en sont stupéfaits. Les formes sont absolument étrangères à la nature, les tons et l'assemblage des couleurs d'un goût exquis »

(Extrait de « Wahres Leben »).

La planche ci-jointe ne peut donner qu'une idée fort lointaine de la peinture de Mme Assmann-Hall. Une maison de Leipzig a eu l'idée de prendre modèle là-dessus pour des tapisseries bon marché et fort élégantes.

Fig. 18.

Dessins médiumiques du médium-peintre Hüttker-Senftenberg.

Ces dessins sont analogues à ceux du précédent médium, et aussi élégants. « Je n'ai pour ainsi dire jamais dessiné, nous dit-il, et j'avoue que je n'aimais guère cela. A l'école, mes notes de dessin étaient très médiocres. Le talent de peinture médiumique m'est venu brusquement le 2 janvier 1905. J'étais assis et je feuilletais un livre, il me sembla entendre une voix me chuchoter à l'oreille : « Prends un crayon. » J'obéis et mon dessin fut fait en un moment. Le même fait se renouvela dans la soirée du même jour et le dessin fut meilleur. Huit jours plus tard, la même obsession se renouvella. Je me servis alors d'une feuille plus grande et de crayons de couleur. Après avoir commencé par des modèles simples, je me lançai dans les fleurs. La chose m'arrive toujours de 8 à 10 heures du soir. Pendant le travail, je me sens parfaitement dispos, je puis même prendre part à un chant commun (ce qui prouve bien l'automatisme de l'opération). Je ne ressens qu'une impression étrange dans la main qui tient le crayon. Il me semble aussi que quelqu'un me dicte à l'oreille ce que je dois faire. Le dessin avance avec une rapidité très grande. Il est ébauché en une demi-heure, et complètement terminé en une heure et demie ou deux heures, (Extrait de « Wahres Leben »

TABLE DES MATIÈRES

	Pages
Préface	5
Introduction	7
Partie spéciale	18
Les médiums	28
Spiritisme pratique	31
I. L'hypnotisme	32
II. La statuvolence	37
III. Le magnétisme	38
Tableau d'ensemble des différents phénomènes médiumiques	42
Pratiques du spiritisme	44
I. Séances de communication	48
II. Séances à effets physiques	51
III. Séances de matérialisation	55
Explication des empreintes, formes et photographies de corps astraux	56
I. Empreintes	56
II. Formes et moules	57
III. Photographie	58
Appendice	
Table des matières	

St-Germain-lès-Corbeil. — Imp. F. Leroy

Ouvrages édités par LA NOUVELLE POPULAIRE
76, rue de Rennes, PARIS. — Téléphone 739-19

Texas=Jack, la Terreur des Indiens

Très intéressante collection racontant les nombreux Exploits et Aventures du célèbre Éclaireur du GOUVERNEMENT des ÉTATS-UNIS.

ONT PARU DE CET OUVRAGE :

		Franco.
Tomes I à IV....... 1 fr. 65 chacun.	FRANCE......	2 fr.
	ÉTRANGER...	2 fr. 25
Tomes V à VIII..... 2 fr. 25 —	FRANCE......	2 fr. 25
	ÉTRANGER...	3 fr.

SITTING=BULL, le Dernier des Sioux

Seule édition autorisée de la vie d'aventures de ce chef audacieux auquel les "VISAGES PALES" ont donné le surnom significatif de "NAPOLÉON-ROUGE".

ONT PARU DE CET OUVRAGE :

Tomes I et II, contenant chacun 480 pages, 15 aventures et 15 illustrations en couleurs. Prix de chaque volume : 1 fr. 25 seulement. Franco : FRANCE, 1 fr. 65. — ÉTRANGER, 2 fr. 10.

Tomes III et IV contenant chacun 320 pages, 10 aventures et 10 illustrations en couleurs. Prix de chaque volume : 0 fr. 95 seulement. Franco : FRANCE, 1 fr. 25. — ÉTRANGER, 1 fr. 50.

LES CHEFS INDIENS CÉLÈBRES

ONT PARU DE CET OUVRAGE :

Tomes I et II, contenant chacun 320 pages, 10 aventures et 10 illustrations en couleurs. Prix de chaque volume : 0 fr. 95 seulement. Franco : FRANCE, 1 fr. 25. — ÉTRANGER, 1 fr. 50.

NOS CARTES POSTALES

Désireux de répondre au vœu exprimé par nombre de nos fidèles lecteurs, nous avons réussi, non sans peine, à nous procurer les portraits typiques de :

TEXAS-JACK, le célèbre éclaireur du gouvernement des États-Unis ;
SITTING-BULL, le dernier chef des Sioux ;
WENNONGA, le grand chef des Mohicans ;
BLOODY-HAND, le grand chef des Apaches ;
BLACK-HORSE, le grand chef des Pahnis ;
MAH-TOPA, le grand chef des Comanches.

Ces superbes aquarelles en plusieurs couleurs, non moins bien réussies que celles de notre collection à 25 centimes dont chacun s'est montré si enchanté, ne coûtent cette fois que 10 CENTIMES la pièce, et 50 CENTIMES les six, grâce à des circonstances exceptionnelles dont nous sommes heureux de faire bénéficier nos amis.

Que les amateurs ne tardent point à profiter de cette aubaine inespérée et s'empressent de faire leur choix chez leur **LIBRAIRE-PAPETIER** ou à **La Nouvelle Populaire**, car le stock sera sans nul doute très rapidement épuisé.

LA NOUVELLE POPULAIRE, libraires-éditeurs, 76, rue de Rennes, Paris.

OUVRAGES édités par LA NOUVELLE POPULAIRE
76, rue de Rennes, PARIS — Téléphone 724-93

"Comment je suis devenu le " Capitaine de Kœpenick " " histoire intime de ma vie

Par WILHELM VOIGT
Seule édition autorisée, avec photographies
Notes et commentaires par Ferdinand LAVEN et François BOURNAND.

Il est fort amusant et même instructif de suivre l'autobiographie de ce cordonnier qui, revêtu de l'uniforme de capitaine prussien, a pendant si longtemps occupé, de façon humoristique, l'esprit de nos contemporains. On était forcé de rire de ce qu'une municipalité, avec toutes ses autorités, s'était si parfaitement fait duper au moyen d'un truc bien réussi.

Prix du volume : **1 fr. 50**; franco : **1 fr. 75**.

UNIVERSAL-LING (LA LANGUE UNIVERSELLE)

Par le Dr H. MOLENAAR

LA LANGUE DE L'AVENIR QUI, SURTOUT POUR LES RACES LATINES, TRIOMPHERA SOUS PEU DU VOLAPÜK ET DE L'ESPÉRANTO

Un volume in-8° broché, prix *franco* : **1 fr.**

LE JOURNAL DE FRÆNTZÉ

Par ***

Études de mœurs d'Artistes Berlinois.
Avec couverture originale en plusieurs couleurs.
Prix du volume broché : **1 fr. 50**; franco : **1 fr. 65**.

L'AMOUR SOUS LA RÉVOLUTION

Par François BOURNAND

avec préface de Victorien SARDOU, de l'Académie Française,
et chapitres de Jules CLARETIE, de l'Académie Française,
et de Georges CAIN, Directeur du Musée Carnavalet.

Le volume broché avec gravures hors texte d'après les originaux
de la Bibliothèque Nationale : **3 fr. 50** franco.

POUR PARAITRE PROCHAINEMENT :

COMMENT ON DEVIENT PRESTIDIGITATEUR
AVEC NOMBREUSES ILLUSTRATIONS

Prix du vol. broché : **0 fr. 60**; franco contre **0 fr. 70** en mandat-poste.

Ces publications sont en vente chez tous les Libraires et Marchands de Journaux, dans les Gares et les Kiosques.

Demander le Catalogue Général à LA NOUVELLE POPULAIRE, 76, Rue de Rennes, PARIS

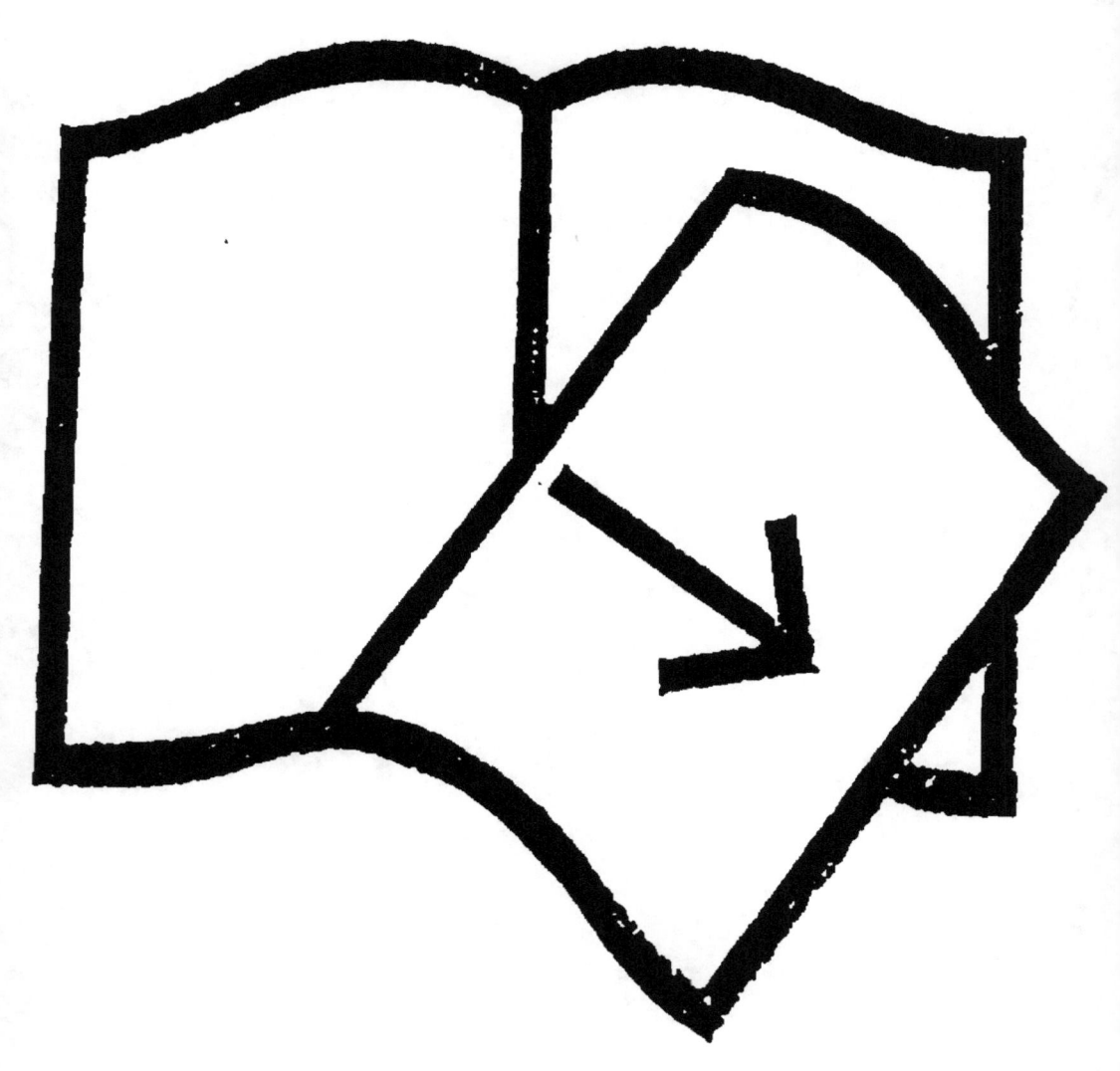

Documents manquants (pages, cahiers...)
NF Z 43-120-13

www.ingramcontent.com/pod-product-compliance
Lightning Source LLC
LaVergne TN
LVHW050558090426
835512LV00008B/1230